Heinrich Handelmann

Herzog Adolf von Holstein - Gottorp

Ein Beitrag zur Geschichte des dreißigjährigen Krieges

Heinrich Handelmann

Herzog Adolf von Holstein - Gottorp
Ein Beitrag zur Geschichte des dreißigjährigen Krieges

ISBN/EAN: 9783743632363

Hergestellt in Europa, USA, Kanada, Australien, Japan

Cover: Foto ©ninafisch / pixelio.de

Weitere Bücher finden Sie auf **www.hansebooks.com**

Herzog Adolf

von Holstein-Gottorp,

postulirter Coadjutor des Stiftes Lübek,
kaiserlicher Kriegs-Oberst unter Tilly und Waldstein.

Ein Beitrag

zur Geschichte des dreißigjährigen Krieges.

Nach meist ungedruckten Quellen.

Von

Heinrich Handelmann,

Dr. phil. und Privatdocent der Geschichte an der Universität Kiel.

Kiel.
Schwers'sche Buchhandlung.
1865.

Ueber das zwar kurze doch viel bewegte Leben dieses Fürsten ist bisher nur wenig bekannt; seit Londorp und Roodt haben nur Jahn und Mailath urkundliche Notizen herbeigeschafft. Um so erfreulicher mußte es mir sein, aus der Stadt Schleswig ein Aktenbündel zu erwerben, welches unzweifelhaft aus dem Herzoglich Gottorpischen Hausarchiv stammt. Dasselbe enthält eine ganze Reihe Briefe an und von dem Herzog und beleuchtet seine kriegerische Thätigkeit während der Jahre 1623 bis 1630. Doch reicht das Material zu einer abgerundeten biographischen Darstellung noch nicht aus, und ich habe deshalb vorgezogen, an manchen Stellen die einfache Form von Regesten beizubehalten.

Die Briefe aus dem Herbst und Winter 1626--27 habe ich hier bei Seite gelassen; dieselben geben einen nicht unwesentlichen Beitrag zur Geschichte des Bauernkrieges in Ober-Oesterreich und werden darum besser in einer österreichischen Zeitschrift Platz finden.

Weiteres Material mag das Großherzoglich Oldenburgische Archiv zu Oldenburg enthalten; eine Anfrage deshalb ist leider seit vielen Monaten unbeantwortet geblieben. Auch das Material im Archiv der vormaligen deutschen oder schleswig-holstein-lauenburgischen Kanzlei zu Kopenhagen, welches nach Vorschrift des Friedensvertrages ausgeliefert werden soll, hat Jahn offenbar keineswegs vollständig ausgenutzt.

Endlich wird ohne Zweifel die gedruckte Literatur dem glücklichen Finder noch eine Nachlese bieten.

NB. Die Daten sind, wo nicht beide stehen, nach dem neuen Styl angeführt.

Weihnacht 1864.

Adolf, geboren zu Gottorp am 21/11. (oder 15/5.?) September 1600, war der zweite Sohn des regierenden Herzogs Johann Adolf von Schleswig-Holstein-Gottorp und der Herzogin Augusta, einer Tochter Königs Friedrich II. von Dänemark.

Von seiner ersten Jugend ist wenig zu melden. Obwohl drei Jahre jünger als sein Bruder Friedrich (später Herzog Friedrich III) scheint er im Allgemeinen mit demselben zusammen erzogen zu sein, und zwar fungirte als ordentlicher Informator beider Prinzen Johannes Pincier, während namentlich in Betreff des Religionsunterrichts der Hofprediger zu Gottorp Jakob Fabricius die Oberaufsicht führte. Letzterer hat insbesondere schon 1602 zu Schleswig ein kleines Religionsbüchlein „für die fürstliche junge Herrschaft zu Schleswig-Holstein" drucken lassen, und später eine ebendaselbst 1605 erschienene neue Auflage des Katechismus von Paul von Eitzen den beiden Prinzen dedicirt.*) Bei Herzog Friedrich hat diese Erziehung in jeder Hinsicht die erwünschten Früchte getragen; er ward ein eifriger Freund der Wissenschaften und ein rechtgläubiger,

---

*) Lackmann, Einleitung zur S. H. Historie II. 367—370. Das Verhältniß zwischen Adolf und seinem Lehrer Johannes Pincier muß ein eigenthümliches unfreundliches gewesen sein. Heimreich, nordfriesische Chronik 292 erzählt, J. Pincier sei 1616 Staller in Nordstrand geworden. „Weil er aber hiebevor sich nicht allein gegen die junge Herrschaft hart hatte erzeigt, sondern auch dieselbe mit verdächtigen Büchern zu verleiten sich unterstanden, als ist er, sobald er von Herzog Adolfs Heimkunft ist berichtet, wegen befahrendem Unheil nach fünf Monat abgetreten." Die Notiz ist ziemlich unverständlich.

doch gemäßigter und duldsamer Lutheraner. Anders Herzog Adolf; er ist seinem Großvater, dem regierenden Herzog Adolf von Gottorp, nachgeartet, der vor allem nach kriegerischem Ruhm begierig war und darob mitten in einer stark religiös angeregten Zeit alle confessionellen Unterschiede aus den Augen setzte. Und ebenso wie jener, funfzig Jahr früher, dem spanischen König Philipp II. gegen die protestantischen Niederländer Hülfe leistete, ebenso hat unser Adolf nachher kein Bedenken getragen, dem Kaiser Ferdinand II. gegen seine eigenen Glaubensgenossen in Deutschland zu dienen.

Im Jahre 1615 wurden beide Prinzen Friedrich und Adolf zu ihrer weiteren Ausbildung auf Reisen geschickt; als Hofmeister begleitete sie Valentin von Dalwig. Zu Ende August reiste man von Gottorp ab, zunächst durch Deutschland über Nürnberg, Regensburg, Augsburg und Straßburg, und von da nach Paris, wo nunmehr ein dänischer Edelmann Thomas Lange, welchen König Christian IV. von Dänemark seinen Neffen als zweiten Hofmeister nachgeschickt hatte, sich der Reisegesellschaft anschloß. Dann ging es weiter von Paris nach Orleans und die Loire hinunter über Blois, Tours, Amboise, Saumur nach Angers, wo man ein halbes Jahr verweilen sollte, um die Prinzen vollends in der französischen Sprache und „allerhand anständigen Leibesübungen" zu unterrichten. Von hier aus sind wohl auch anderweitige Ausflüge gemacht; dann trat man den Rückweg nach Paris an, in der Absicht von dort aus weiter nach Italien zu gehen. Aber schon ehe die Reisenden Paris erreichten, im Amboise, begegnete ihnen der Gottorpische Kammerjunker Jürgen von der Wisch und überbrachte die Botschaft von dem (am 10. April, 31. März, 1616 erfolgten) Tode ihres Vaters. Herzog Friedrich III. beschloß darauf hin sofort nach Hause zu reisen, um die Regierung anzutreten, indem er es dabei dem Bruder Adolf anheimstellte, die Reise, dem ursprünglichen Plan gemäß, nach Italien allein fortzusetzen.*) Es scheint jedoch als ob Adolf von dieser Erlaubniß keinen besondern Gebrauch gemacht

---

*) Lackmann II. 371—374 nach den Personalien in der „Beschreibung des Hochfürstl. ansehnlichen Leich-Begängnisses Herrn Friederichs ꝛc. Schleswig 1662." — Herzog Friderich III. kam im August 1616 wieder zu Gottorp an.

hat, jedenfalls hat er sich nicht mehr lange unterwegs aufgehalten; denn bereits zu Anfang November finden wir beide Brüder, Friedrich III. und Adolf, in Jütland, wo sie am 15/5. Novbr. in Kolding mit König Christian IV. zusammentrafen und denselben dann nach Hadersleben begleiteten. 17/7.—22/12. November 1616.*)

Da Adolf nach der neuerdings eingeführten Primogeniturordnung auf die väterlichen Erblande keinerlei Anspruch erheben konnte, so war es nur natürlich und der Sitte jener Zeit gemäß, daß er sich nach einer ausreichenden fürstlichen Versorgung in geistlichen Stiftern umsah. Und eine günstige Gelegenheit lag nahe: der Vaterbruder Johann Friedrich von Gottorp war Erzbischof von Bremen und Bischof von Lübek, und wünschte selbst den Neffen zum Coadjutor und künftigen Nachfolger in beiden Stiftern erwählt zu sehen. Wirklich ist das denn auch an der einen Stelle, freilich nicht ohne viel Mühe und Unkosten, gelungen: Adolf ward 1621 im Bisthum Lübek, „mittelst emsiger Bemühung seines Herrn Bruders und angewandten großen Spesen," zum Sub-Coadjutor erwählt und angenommen**). Dagegen im Stift Bremen fanden die Bemühungen des Gottorper Hauses einen gefährlichen Widersacher und Mitbewerber an dem dänischen König Christian IV., welcher sich gleichfalls für seinen zweiten Sohn Friedrich um deutsche Stifter (Bremen, Verden, Osnabrück, Halberstadt) bewarb.

---

*) Nach König Christians Tagebuch. Vgl. Slange, Geschichte Christians IV. deutsch von Schlegel III. 51—53; dänisches Original 395.
**) Lackmann II. 518 und Anhang 100. — Schon 1602 hatte der Herzog Johann Adolf, der damals noch selbst das Stift Lübek inne hatte, seinen Sohn (Friedrich oder Adolf) als Coadjutor vorgeschlagen; es kam aber nicht zur Wahl. 1607 verzichtete Johann Adolf auf das Bisthum zu Gunsten seines Bruders Johann Friedrich, und wollte bei der Gelegenheit ausdrücklich die künftige Anwartschaft für seinen Sohn vorbehalten, worauf jedoch das Domkapitel nicht einging. Lackmann II. 186, 195 und 247. Die Behauptung Häberlin's (de Friderici Daniae et Norv. principis haereditarii justa et legit. postulatione in adjutorem episcop. Lüb. 28), gleichzeitig mit der Wahl Johann Friedrichs zum Bischof 1608 sei auch Prinz Adolf zum Coadjutor gewählt, verdient dem gegenüber keine Beachtung.

Von dänischer Seite wird behauptet, daß König Christian, ehe er in Bremen anknüpfte, bei seiner Schwester der Herzogin Augusta vorgefragt und von dieser die Zusage erhalten habe, daß sie dort für ihren Sohn Adolf keine Ansprüche zu erheben beabsichtige; aber der Erzbischof Johann Friedrich habe die Herzogin bald wieder anderen Sinnes gemacht und den Neffen vorgeschoben. Der König schickte darauf 1618 seinen Rath Jonas Carisius an den Erzbischof nach Bremen und ließ demselben allerlei Anerbietungen machen, erbot sich auch dem Herzog Adolf eine Summe Geldes zu zahlen, wenn derselbe zurücktreten wolle; aber der Erzbischof lehnte das ab: die Sache sei nicht mehr rückgängig zu machen, es sei denn daß der König für Adolf eine anderweitige Versorgung in Stiftern und Prälaturen beschaffen könne. Andererseits bestand der König nicht minder hartnäckig auf seinem Vorhaben, und alle Bemühungen des Erzbischofs und der Herzogin Augusta, ja selbst die persönliche Dazwischenkunft zweier anderen Schwestern, der Kurfürstin Hedwig von Sachsen und der Herzogin Elisabeth von Braunschweig, welche Christian zu Rendsburg, 20/10--25/15. Juli 1619, besuchten, blieben erfolglos; der König hielt die Candidatur seines Sohnes aufrecht. So arbeiteten die beiden Familien gegen einander an und bewarben sich um die Stimmen des Bremischen Domkapitels. Wir brauchen hier den weitern Verlauf dieser Streitfrage, in welche auch andere Momente der europäischen Politik hineinspielen nicht genauer zu verfolgen; genug, der König setzte seinen Willen durch. Schon im Lauf des Jahres 1620 sah sich der Erzbischof genöthigt, wenn auch widerstrebend, öffentlich die Sache seines Neffen Adolf aufzugeben, wodurch er sich freilich nicht von geheimen Intriguen zu dessen Gunsten abhalten ließ. Im nächsten Frühjahr 1621 gelang es auch die Herzogin Augusta und den Herzog Friedrich III. zur Nachgiebigkeit zu bewegen, und so ist am 24/14. December 1621 Christians Sohn zum Coadjutor von Bremen postulirt worden.*)

---

*) Slange von Schlegel III 122, 161, 177; dänisches Original 428, 440, 464. Waitz. Schl. H. Geschichte II. 493, 94. Lackmann II. Anhang 100.

Um diese Zeit etwa ist Herzog Adolf in kaiserliche Kriegsdienste getreten, und es ist nicht unwahrscheinlich, daß es gerade der Groll gegen König Christian wegen der getäuschten Hoffnungen auf Bremen war, welcher ihn auf die katholische Seite getrieben hat, umsomehr da Christian bereits damals mit den protestantischen Fürsten Norddeutschlands angeknüpft hatte. Wir begegnen dem Herzog zuerst auf dem Schlachtfelde bei Stadtlohn (an der Berkel, im Regierungsbezirk Münster), wo General Tilly am 6. August 1623 dem Administrator von Halberstadt, Herzog Christian von Braunschweig, eine schwere Niederlage beibrachte. Im Schlachtbericht wird erzählt, daß Adolf mit seiner Reiterei am ersten Angriff Theil nahm; drei Rittmeister von seinem Regiment fielen; der Herzog selbst wird unter denen erwähnt, welche sich besonders ausgezeichnet haben.*) Das herzogliche Reiterregiment hatte dann auch die Ehre, die vielen vornehmen Offiziere des Administrators, welche bei Stadtlohn gefangen waren, nach Wien geleiten zu dürfen, wie aus dem nachstehenden Absatz einer Nürnbergischen Chronik hervorgeht:

"Den 24. October 1623 sind von dem Obristen Lieutenant Illo**, über die 1000 Holsteinische Pferd, als kaiserl. Commissario, und die in der Halberstädtischen Niederlag gefangenen Prinzen und Obriste, bei 100 Pferd stark, hierdurch (durch Nürnberg) nach Wien geführt worden, als: Herzog Wilhelm von Weimar, Herzog Friedrich von Altenburg, Obrist Franck und Obrist Epee. Sie haben einen Tag allhier (in Nürnberg) ausgeruht, auch ist der Herr Obriste Conte Colalto mit ihnen gereist, sind von E. E. Rath freigehalten und mit 25 Archibusier Reutern bis nach Neuenmark convoyirt worden.***)"

Daran reiht sich zunächst ein Brief des bekannten kaiserlichen Obersten und Kriegsraths Johann Aldringer, datirt Eger (in Böhmen) den 29. November 1623, und adressirt: "Dem Durchleuch-

---

*) Khevenhiller's Annalium Ferdinandeorum Theil X. 191. 194.
**) Genaueres über Illo in einer spätern Anmerkung.
***) Chr. G. v. Murr, Beiträge zur Geschichte des dreißigjährigen Krieges 19.

ligen Hochgebornen Fürsten und Herrn, Herrn Adolffen, Erben zu Norwegen, postulirten Coadjutorn des Stifts Lübek, Herzogen zu Schleswig Holstein Stormarn und der Ditmarschen, Grafen zu Oldenburg und Delmenhorst, Römisch Kaiserl. Majest. bestellten Obristen über tausend Pferde, meinem gnädigsten Herrn." — Leider ist eine große Ecke des Briefes abgerissen, so daß der Inhalt nicht vollständig zu ersehen. Aldringer bescheinigt den Empfang eines herzoglichen Schreibens vom 24. d. Mts., worin allem Anschein nach der Herzog sich über eine beabsichtigte Musterung und über die Bezahlung seines Regiments beschwert hat. Der Obrist giebt darauf gute Worte und Zusicherung kaiserlicher Gnade. Dann heißt es weiter: "Die Musterung ist insgemein an alle Obristen, welche an dieser Bezahlung participiren sollen, gesucht worden, und wäre solche bereits mit zweien Regimentern beschehen, wenn Ich solche nicht selbst darum eingestellt, auf daß keine Zeit verloren werde. Damit aber Ihr Kaiserl. Maj. Dienst befördert und Deroselben Wille zugleich in etwas erfüllet werden möge, hab Ew. fürstl. Gnaden und allen andern Ich gehorsamer Gutmeinung den Vorschlag gethan und zu meiner Verantwortung übernehmen wollen, daß die Musterung diesmal unterlassen und die bassa oder Abschlag der Mannschaft eingegeben worden wäre, und obwohl Ich in meinem Schreiben von einer gewissen Anzahl Meldung gethan, so ists doch nicht dahin verstanden worden, solche zu behaupten. Wann derhalben E. F. G. den Herrn Rittmeister Hatzfeldt mit Instruction und Vollmacht zurückgeschickt, wollte Ich mich also gegen denselben accomodirt haben, daß Sie daran begnüget hätten sein können und Ihr F. Gn. von Liechtenstein hierüber nicht vernehmen dürfen." Nach einer lückenhaft und unverständlich gewordenen Stelle folgt dann die Notiz, daß zuerst dem Herzog von Sachsen "eine gewisse Summa an Reichsthalern a conto bezahlt" worden sei, ebenso dem Obrist Avendagno (richtiger Avantagnio); dem Oberst von Schauemburg solle desgleichen geschehen. "Im Fall E. F. Gn. Ihro solch Mittel (wie Ich nicht zweifle) auch gefallen lassen und Jemanden der Ihrigen hierzu deputiren, denselben sammt einer Carta blanca zu Fertigung der Quittung zurückschicken wollen, sollen Sie kein Stund gesäumt werden, welches F. F. G. Ich nochmals gehorsamlich nicht verhalten sollen, Deroselben mich beinebens zu Gnaden empfehlend. E. F. G. gehorsamwilligster Diener J. A."

Es folgt darauf eine herzogliche Schuldverschreibung:

Leutmeritz (Leitmeritz an der Elbe, in Böhmen), 3. März 1624. Herzog Adolf bescheinigt, von seinem Regiments-Secretarius (Chr. Fagell) hundertfunfzig Ducaten empfangen zu haben; dafür soll sein Hofmeister Jürgen Ernst von Wedell demselben 250 Thaler bezahlen. Laut untenstehender Quittung von 5. März 1624 hat der Herzog selbst die 250 Thaler an Chr. Fagell ausgezahlt.

Im Lauf des Winters 1624—25 ist das herzogliche Reiterregiment abbezahlt (und wahrscheinlich aufgelöset) worden. Darüber liegen folgende Akten vor:

s. l. et d. „Verzeichniß der Waaren, so ich zur Abzahlung des löblichen Holsteinischen Regiments will hergeben." Es sind lauter Kleinodien, darunter das werthvollste mit 10 großen Diamanten zu 6000 Rthlr. geschätzt; der Gesammtbetrag wird auf 39270 Rthlr. angeschlagen. Ohne Unterschrift.

s. l., 7. December 1624. Notiz über die Umsetzung von Kleinodien in Geld, zusammen 3472 Gulden 30 Kr. (2315 Rthlr.), davon 2002½ fl. auf Ihr F. Gn. Leibcompagnie. (Von anderer Hand, ohne Unterschrift.)

Prag, 8. December 1624. Quittung des Herzogs Adolf über 3710 Rthlr. (gleich 5565 fl.), welche der kaiserliche Hofdiener Johann de Witte für ihn zu Handen der drei Brüder Johann Anton, Johann Baptist und Stephan Pestolnny (?), Handelsleute in Wien, bezahlt hat.

Prag, 9. December 1624. Quittung des Herzogs Adolf über 9500 fl., welche der kaiserliche Hofdiener Johann de Witte für ihn zu Handen des herzoglichen Oberstlieutenants Christian von Jlow auf Radow, Pfandinhaber der Herrschaft Mies, Ritter ꝛc. bezahlt hat. (Im Rubrum auf der Rückseite ist der Name „Jlb" geschrieben*)

---

*) Ohne Zweifel derselbe, welcher den bekannten Revers zu Pilsen abfaßte und zugleich mit Waldstein ermordet wurde, 1634. Dieser unterzeichnet sich zu Mies am 22. Febr. 1634 „Christian H. v. Jllau" (bei

Prag, 23. December 1624. Quittung und Anweisung des Herzogs Adolf auf 4000 Rthlr., welche der Oberstlieutenant Christian von Ilow von dem Boßenischen Rentmeister erheben soll.

Dresden, 24. December (14 a. St.) 1624. Abrechnung und Quittung von (unleserliche Unterschrift) über wieder bezahlte Auslagen für Herzog Adolf zum Betrag von 566½ Rthlr. (Davon 244½ Rthlr. für allerlei Specereien und Victualien; 156 Rthlr. für allerlei Waaren zu dem Ehrenkleide, welches der Herzog seinem Hof- und Feldprediger Johann Wendelius bewilligt hat; 151 Rthlr. 1½ Gr. für etliche Waaren bezahlt und dem Oberstwachtmeister Thomas Heidebrecht überliefert; 8 Rthlr. "umb ein Päßlen Brücken" (?); 2 Rthlr. 10½ Gr. für den Transport einiger Musketen, Pistolen und Bandelier-Rohre von Leipzig nach Dresden und von da nach Tetschen; 4½ Rthlr. für einen Boten von Prag nach Leipzig.)

Prag, 25. December 1624. Schuldverschreibung des Herzogs Adolf über 600 Rthlr. an den Freiherrn und Oberst Hans Philipp Craß, welche er demselben auf seinen Rest an dem Boßenischen Rentamt zu Prag anweiset.

Leitmeritz, 17. Februar 1625. Quittung des J. v. Idelzthoven, "Herzogens von Holsteins tausend Pferd einer Compagnie Rittmeister," über erhaltene 5438 Rthlr. restirende Löhnung für seine Compagnie.

Leitmeritz, 18. Februar 1625. Dsgl. des Rittmeisters G. v. Merzsen über 5867 Rthlr. restirende Löhnung.

Leitmeritz, 20. Februar 1625. Dsgl. des Rittmeisters Karl Lorenz Graf von Portia über 5266 Rthlr., welche ihm der Herr Johann Wendle ausbezahlt hat.

Förster, Wallensteins Briefe III. 210), am 26. Decbr. 1633 aber deutlich „Ilow" (a. a. O. Facsimile 7) und wird überdies in Alberti Fridlandi perduellionis chaos MDCXXXIV (bei Murr, Beiträge zur Geschichte des 30 jährigen Kriegs 189) als Pfandherr von Mies bezeichnet: transvecta sunt cadavera in Mies, nuper a Caesare Iloio oppignoratum oppidum. Er war noch 1631 nur Oberst und ward von Waldstein vielfach als Courier ꝛc. benutzt; am 31. December 1631 aber zum General-Feld-Wachtmeister ernannt. (Dudik, Waldstein v. 1630—1632, S. 276 ꝛc.)

s. l. et d. Dsgl. des Rittmeisters Fabian d'Avers über vollständige, von dem Herrn Johann Pastor erhaltene Bezahlung; ohne Angabe der Summa.

(Nach vorstehenden beiden Quittungen hat der herzogliche Hof- und Feldprediger Johann Wendel auch hin und wieder die Geschäfte eines Zahlmeisters versehen.)

Leitmeritz, 1. März 1625. Quittung des Oberstwachtmeisters Thomas Heidebrecht über seinen ganzen rückständigen Rest, nämlich 9316 Rthlr.

Herzog Adolf ist nach Abbezahlung seines Regiments nicht lange in Unthätigkeit geblieben; wir finden ihn, noch 1625, wieder unter dem Verzeichniß der Obersten, welchen Albrecht Waldstein, Herzog von Friedland, nach seiner Ernennung zum Kaiserlichen Generalissimus, Werbe-Patente austheilte. Da heißt es:

Herzog von Holstein . . . . 1000 Pferde.*)

Unter den Offizieren, welche Adolf seinerseits auf Werbung ausschickte, war Joachim von der Schulenburg. Von diesem liegt uns eine Quittung vor, aus welcher zugleich hervorgeht, daß Adolf im Lauf des Juni 1625 seine Familie zu Gottorp besucht hat.

Gottorp, 21. Juni 1625. Quittung des J. v. Schulenburg über 800 Rthlr., welche er vom Herzog Adolf zur Werbung seiner Compagnie Reuter auf sein „Anrittgeld" empfangen hat.

Hier, wo Adolf, so weit wir wissen, zuerst mit Waldstein in Verbindung tritt, mag eine Anekdote ihren Platz finden, welche ein späterer Schriftsteller von den beiden Fürsten erzählt.**)

Einmal als Waldstein zur Tafel saß, sei vor seinem Gemach der Herzog von Holstein mit andern hohen Offizieren im lauten Gespräch hin und her gegangen. Da habe Waldstein in seiner gewohnten Weise gefragt: „wer die Bestie wäre, welche draußen so stark zu plaudern sich gelüsten lasse?" Obgleich ihm nun geant-

---

*) Khevenhiller X. 803.
**) Lenzel, monatliche Unterredungen Ao. 1692, S. 355 (bei Lachmann IV. 142). Adolfs Name wird freilich nicht genannt, aber er war ja der einzige Herzog von Holstein unter Waldsteins Fahnen.

wortet wurde, es sei der Prinz von Holstein, sei Waldstein nichts desto weniger, seiner Gewohnheit nach, herausgefahren: „**Laßt die Bestie henken!**" Worüber gedachter Prinz ergrimmet, hinein vor die Tafel gelaufen und gerufen: „**Du elementischer Butterfürst, ich bin ein geborner Reichsfürst, was sagst Du vom Henken?**" Da sei Waldstein verstummt und habe kein Wort mehr geredet. — Die Geschichte klingt nach dem, was wir sonst von Waldsteins Gewohnheiten wissen, keineswegs unwahrscheinlich.

Zu Anfang des nächsten Jahres 1626 finden wir den Herzog Adolf mit seinem neugeworbenen Regiment in Schmalkalden, also im Gebiet des Landgrafen Moritz von Hessen-Kassel*), mit dem er durch seine Großmutter (Christine von Hessen, vermählt im December 1564 mit dem regierenden Herzog Adolf von Gottorp) nahe verwandt war. Von Schmalkalden aus erstreckten sich die Quartiere seiner Mannschaft aber noch viel weiter in das Hessen-Kasselsche Gebiet hinein, wie aus folgenden Briefen zu ersehen ist.

Schmalkalden, 25. (15.) Februar 1626. Herzog Adolf an Graf Tilly. (Entwurf.) Der Herzog bittet, Tilly möge seine Völker aus den Quartieren zwischen der Fulda und der Werra zurücknehmen, da dies Gebiet zufolge Schreibens des Generals (Waldstein) ihm und dem Herzog Franz Albrecht zu Sachsen-Lauenburg, wie auch dem Waradislavischen Volk angewiesen sei; sonst werde der Platz gar zu enge**).

---

*) Khevenhiller X. 1238. „In gleichen wurden Herzog Adolfen von Holstein für ein Regiment in Hessen und Herzog Georgen von Lüneburg und Herzog Franz Albrechten von Sachsen-Lauenburg für etliche Regimenter in der Wetterau die Sammel- und Musterplätze aufgezeichnet."

**) Nach Khevenhiller X. 803 hatte der Lauenburger Herzog, der dort irrthümlich Johann Albrecht heißt, 1000 Pferde, der Graf Wratislaw ein Regiment von 3000 zu Fuß. Nach der Nürnbergischen Chronik (bei Murr, Beiträge 25) aber erscheint Herzog Franz Albrecht am 1.—3. August 1626 in Nürnberg an der Spitze von 2 Regimentern oder 26 Fähnlein zu Fuß, über 6000 Mann stark, und 250 Pferden, mit denen er nach Böhmen marschirt.

Bockenem (an der Hannoversch-Braunschweigschen Gränze zwischen Hildesheim und Seesen), 1. März 1626. Johann Graf von Tilly an Herzog Adolf, zur Antwort. Er wolle ungern die Armee des Herzogs von Friedland in ihren Quartieren beeinträchtigen; auch sind seine Leute nicht dahin befehligt. Da aber seine Völker in Hessen ohnedies so eng und übel accomodirt liegen, so bittet er ihm diese wenigen Ortschaften zwischen Werra und Fulda zu gönnen. Sind dieselben jedoch dem Herzog Adolf unumgänglich nöthig, so wird er dem Oberstlieutenant vom Herbersdorfischen Regiment, Erasmus Herrn von Gera, Befehl ertheilen, die Plätze wieder zu räumen und sich nach andern Quartieren umzuthun.

Förste (unweit Osterode), 28. März 1626. Tilly an Herzog Adolf. Ein Graf Philipp Reinhard von Solms*), welcher zu Butzbach (bei Gießen) seine Residenz haben soll, hat von dem König von Dänemark Patent und Geld empfangen, um ein Regiment zu Roß und eins zu Fuß anzuwerben, und zu dem Ende den Sammelplatz bei Kassel bestimmt. Nun ist zu besorgen, dieser Graf werde mit Beihülfe des Landgrafen Moritz die Werbungen des Herzogs Adolf, und des Herzogs Franz Albrecht von Sachsen-Lauenburg zu vernichten suchen; daher dürfte es nöthig sein, auf Landgraf Moritz fleißig Achtung zu geben, die Solmsischen Werbungen aber zu hindern und womöglich den Grafen selbst in Butzbach oder sonst beim Kopf zu nehmen, auch dessen Ein- und Auszug in und von Kassel fleißig zu beobachten. Insonderheit müssen die Städte an der Werra, Witzenhausen, Allendorf, Eschwege, Wanfried und Treffurth in gute Obacht genommen und die Garnisonen und Befehlshaber daselbst gewarnt werden, vor den Unterthanen ꝛc. auf der Hut zu sein, damit sie nicht unversehens überfallen werden. Es wäre auch nicht unrathsam, diese Ortschaften mit Völkern des Herzogs Adolf oder des Herzogs von Lauenburg, dem „von diesem Allen gleichmäßig parte zu geben wäre", stärker zu besetzen.

Das Verhältniß zwischen Herzog Adolf und Landgraf Moritz konnte sich unter diesen Verhältnissen, trotz der nahen Verwandtschaft,

---

*) Derselbe war später Königlich Dänischer Commandant zu Wolfenbüttel, wo er die s. g. Hahnrei-Thaler prägen ließ (1627).

nicht anders als unfreundlich gestalten. Denn Moritz neigte sich zu
den norddeutschen Evangelischen, welche unter Führung des dänischen
Königs Christian IV. gegen den Kaiser rüsteten; er hatte auch die
gedachten Solmsischen Werbungen ausdrücklich gestattet*). Adolf
seinerseits war im kaiserlichen Dienst vielleicht allzu eifrig und erklärte insbesondere die Landesvertheidigungsanstalten des Landgrafen
für eine Beleidigung der kaiserlichen Majestät. Darauf antwortete
ihm Moritz, am 3. April 1626: „Nicht nur sei er schuldig,
gegen solche grausame Bedrängniß, wie sie der Herzog zulasse, seine
Unterthanen zu schützen, sondern er hoffe auch, daß der Kaiser,
seinen eigenen Erklärungen nach, dies gutheißen und die Reichs-
und Kreis-Verfassung handhaben werde. Wie sein Land seit vier
Jahren behandelt worden, und wie er sich selbst dabei verhalten, werde
er nächstens der ganzen Welt in einer Druckschrift bekannt machen**).“

Von hessischer Seite wird das Verfahren Adolfs als sehr
hart und schonungslos geschildert. In seinem Hauptquartier zu
Schmalkalden beraubte er die Bürgerschaft ihrer Gewehre und
schreckte den Stadtrath durch schimpfliche Strafen; dann besetzte er
auch, trotz der Abmahnungen des Landgrafen, das dortige fürstliche
Schloß Wilhelmsburg und requirirte, zur Befestigung desselben mit
Pallisaden, fürstliches Bauholz. Doch hat Moritz durch ein stren-
ges Verbot an alle dortigen Beamte (24. März) und durch kräf-
tige Vorstellungen dies verhindert; er ließ dem Herzog durch
Urban von Bohneburg sagen, ob dies Benehmen der Verwandtschaft
ihrer Familien, der deutschen Freiheit und der fürstlichen Hoheit
gemäß sei?***)

Auf Herzog Adolfs Befehl wurden auch die hessischen Städte
Lichtenau und Rotenburg an der Werra durch einen Grafen v.
Schlick heimgesucht. Hier (in Rotenburg?) kam es (wohl hinter-
her) zu einem ernstlichen Conflict: zwei kaiserliche Offiziere, von
Wangenheim und Rasche, welche in Brandschatzung und Plünderung
wetteiferten, reizten die Volkswuth so sehr, daß der hessische Befehls-

---

*) Rommel, Geschichte von Hessen VII. 626.
**) Rommel VII. 615.
***) Rommel VII. 615–16.

haber sich genöthigt sah, sie mit all ihren Packpferden durch den Landausschuß gefangen zu nehmen. Als Herzog Adolf darüber bittere Beschwerde erhob, erklärte der Landgraf: "Die landfriedensbrüchige Handlung dieser Spießgesellen des Herzogs sei von der Art, daß sie nach Kaiser Karls V. peinlicher Halsgerichtsordnung bestraft werden müsse." — Die beiden Gefangenen sind nach Kassel abgeführt und daselbst in den Casematten bei Wasser und Brot eingesperrt; doch wurden sie bald wieder gegen Urfede entlassen, da sie sich für Untergehörige des niedersächsischen Kreises ausgaben und vorgaben, dem Kreismandat vom März 1626, welches alle unter Tilly und Waldstein dienenden Kreisunterthanen zurückrief, Folge leisten zu wollen (April 1626*).

Um diese Zeit machte der Administrator von Halberstadt, Herzog Christian von Braunschweig, welcher jetzt unter König Christian IV. im Braunschweigischen commandirte, dem Landgrafen den Vorschlag, den Herzog Adolf heimlich zu überrumpeln und aufzuheben (April 1626). Jedoch Moritz weigerte sich, dazu die Hand zu bieten; er antwortete: "Eine heimliche Aufhebung des tollen, durch Jesuiten verführten Holsteiners sei weder dem Völkerrecht gemäß noch rathsam; der von Christian vorgeschlagene Friedrich von Popneburg, der sich durch sein zweideutiges Benehmen gegen die arme Stadt Lichtenau und als Anhänger des Holsteiners verdächtig gemacht habe, eigne sich ohnedies gar nicht dazu**)."

Zu Anfang des Mai 1626 stand Herzog Adolf noch immer in Schmalkalden; Tilly's Bemühungen, seinen Beistand zur Eroberung der Stadt Münden zu erlangen, blieben erfolglos, wie aus folgenden Briefen hervorgeht.

---

*) Rommel VII. 616. Die Daten werden dort nicht näher angegeben; das einzige Moment, wonach man rechnen könnte, gibt keinen sichern Anhalt, wovon später.

Auffällig erscheint es, daß Herzog Adolf nicht kräftiger, mit Gewalt für die gefangenen Offiziere einschritt; aber er hatte von Waldstein den Befehl, "sula difesa zu stehen und den Landgrafen nicht zu offendiren." S. den Brief vom 2. Mai 1626.

**) Rommel VII. 627. Der Vorwurf wegen der Jesuiten ist offenbar ganz aus der Luft gegriffen.

Schmalkalden, 2. Mai (22. April a. St.) 1626. Herzog Adolf an Graf Tilly. (Entwurf.) Der Herzog meldet, daß Graf Mérode mit 22 Fähnlein Knechten und 18 Compagnien zu Roß in Hessen angekommen ist, desgleichen zwei Compagnien des Oberst Hebron*); dieselben sind noch nicht gemustert, aber hoffentlich doch sogleich zu disponiren, daß sie die „marche und cavalcata thun" sollen. Der Herzog kann aber „dero Orten" nicht marschiren, bis er Eichwege, Allendorf und Wißenhausen impatronirt; er hat auch Ordre vom General Herzog zu Friedland „sula difesa zu stehen, auch des Landgrafen zu Hessen Liebden ganz nit zu offenbiren." Will jedoch Tilly die Verantwortung Friedland gegenüber, auf sich nehmen, so ist der Herzog bereit, sich mit seinem Volk zwischen Kassel und Münden zu logiren, nur die neugeworbene Mannschaft müßte zur Besorgung der Posten„ hierberum" bleiben. Da es ganz an Munition fehlt, so müßte Tilly „wo solches herzunehmen, Verordnung zu thun wissen." — P. S. Aus dem angeschlossenen Schreiben Friedlands wird Tilly ersehen, daß der Herzog nöthigenfalls das kurmainzische Eichsfeld succurriren soll.

s. l. et d. Zweites Schreiben an Tilly. (Entwurf). Zwei Stunden nachdem Tilly's Abgeordnete mit der Antwort (wovon eine Abschrift beifolgt) abgereiset waren, ist dem Herzog Adolf ein Schreiben Friedlands zugekommen, woraus zu ersehen, daß Tilly bei demselben um die Assistenz Adolfs zur Belagerung von Münden angehalten, „mit fernerem Andeuten, daß S. L. aus gewissen Ursachen nit vor rathsam halten. Dannenhero wir, wie gern wir auch wollten, vor diesmal E. Exc. nit beistehen können, sondern vorberührtem Schreiben uns accommodiren."

Unter demselben Datum (22. April a. St., 2. Mai 1626) schrieb Herzog Adolf an den Landgrafen Moriz wegen der neu angekommenen kaiserlichen Truppen und empfahl dringend, Namens des Herzogs von Friedland, denselben in Hessen Quartiere zum Ausruhen zu gewähren, unter der Versicherung, daß dies zum allgemeinen Frieden dienen würde. — Auf dem Landtag zu Kassel,

---

*) Ob derselbe, der bei Khevenhüller X. 803 Oberst Hebwan heißt? Er hatte Reiterei (1000 Pferde).

Anfang Mai 1626, wurde jedoch beschlossen, diesen neuen kaiserlichen Heerhaufen (es waren 37 Compagnien zu Roß und 35 zu Fuß, meist Wallonen und Kroaten unter den Obersten Merode und Gall Peter) abzuwehren *).

In den nächsten Wochen hat Herzog Adolf Schmalkalden geräumt. Der Landgraf Moritz hatte von Waldstein ein schriftliches Versprechen ausgewirkt, daß Schmalkalden durch Dislocirung des Holsteinischen Regiments erleichtert werden solle, und übersandte dasselbe dem Herzog, worauf dieser für die Hälfte seines Regiments Quartier in der niedern Grafschaft Katzenellenbogen verlangte. Nach seiner Verpflegungs-Ordonanz sollten jedem höhern Offizier wöchentlich fünfhundert Thaler geliefert werden. Vor seinem Abzug nahm er noch einen Hessischen Lieutenant von Schmalkalden als Geißel mit. **)

Zu Anfang Juli 1626 stand Herzog Adolf mit seiner Mannschaft auf Nassauischem Gebiet; sein Hauptquartier war zu Dietz, und von hier aus liegt uns eine zahlreiche und mannichfaltige Correspondenz vor.

Dietz, 5. Juli (25. Juni) 1626. Herzog Adolf an den General Herzog von Friedland. (Entwurf). Der Herzog hat das Schreiben Waldsteins empfangen, worin derselbe befiehlt, das Land der Grafen von Nassau mit Einquartierung zu verschonen, und möchte demselben schuldigermaßen gern gehorchen; aber des Herzogs (Georg) von Lüneburg ***) Völker haben die Quartiere überall

---

*) Rommel VII. 620.

**) Rommel VII. 618. In dem schon erwähnten Schreiben wegen der beiden kaiserlichen Offiziere v. Wangenheim und Rasche gab der Landgraf beiläufig zu verstehen, daß diese Arrestation zugleich eine Repressalie gegen die Gefangennehmung des Lieutenants von Schmalkalden und eines Bürgers von Lichtenau sei. A. a. O. — Es ist dies der einzige Fingerzeig, wonach der gedachte Vorgang zu fixiren wäre; aber derselbe ist nicht sicher, denn die Gefangennehmung kann ja sehr wohl der Wegführung eine Zeit lang vorauf gegangen sein. Rommel erwähnt all diese Vorgänge nur beiläufig, ohne die Zeitfolge anzudeuten und einzuhalten.

***) Vgl. v. d. Decken, Herzog Georg von Braunschweig und Lüneburg I. 207 uff.

eingenommen, und acht Compagnien haben noch nicht untergebracht werden können; nun werden aber die vielen Besitzungen des Kurfürsten von Mainz in der Wetterau billig verschont, und die Grafschaft Hanau ist durch Waldstein bereits befreit; darum ist es unmöglich, die (Nassauischen) Quartiere zu räumen. Der Herzog bittet also deshalb um Nachsicht und Genehmigung; zugleich auch um andere und weitere Ordre ins Land zu Franken, jedoch nicht auf die Geistlichen sondern auf die weltlichen Kreisfürsten daselbst, damit er das Regiment completiren und der Friedländischen Armee zuführen könne.

Dieß, 5. Juli 1626. Revers des Hauptmanns Schonberg de Wrede, daß er von Herzog Adolf 600 Rthlr. Laufgeld empfangen habe zur Werbung einer Compagnie von 300 Mann hochdeutscher Knechte zu Fuß, welche er binnen sechs Wochen auf dem Musterplatz in der Grafschaft Erbach, sammt den Offizieren, stellen werde. (Entwurf.)

Das Patent dieses Hauptmanns datirt gleichfalls vom 5. Juli, wie wir aus einem Zusatz auf dem Entwurf eines zweiten (gleichlautenden?) Patents vom 28. Juli schließen können. Als Werbebezirk wurden demselben die Güter und Dörfer der Adligen Wolfskeel, Egger und Alertsheim angewiesen.

Dieß, 5. Juli 1626. Patent (Entwurf) des Hauptmanns Schonberg de Wrede für seinen Fähnrich Johann Naurathen von Dieß, welcher ihm 100 Mann nebst 1 Führer, 1 Corporal und 8 Gefreiten anwerben und auf den Musterplatz in der Grafschaft Erbach zuführen soll. Der Hauptmann bittet allen und jeden, dem Fähnrich behülflich zu sein; „solches gereicht zur Erlangung und Wiederbringung des werthen Friedens unsers lieben Vaterlands deutscher Nation."

Auf der Rückseite steht (neben den Einleitungsworten zu zwei verschiedenen Patenten) auch: „Lieutenant Friederich von Boihr 50 Mann"; also ist diesem Lieutenant wohl ein gleichlautendes Werbungspatent auf funfzig Mann ausgestellt.

Dieß, 8. Juli (28. Juni) 1626. Herzog Adolf an Oberst Otto Friedrich Schönburger. (Entwurf.) Da der Herzog für den Kaiser ein Regiment von 15 Fähnlein zu Fuß aufrichten will und ihm dazu etliche Hauptleute mangeln, so hat er dem Cavalier de Wrede eine Hauptmannschaft übertragen, und bittet den Obersten, genannten Wrede seines Dienstes ledig zu geben.

Dietz, 8. Juli 1626. Herzog Adolf an Hauptmann Gellnauer. (Entwurf.) Auf dessen Schreiben betreffend die übel accommodirten Quartiere und mangelnde Contribution, erwidert der Herzog, daß die gehorsamen Dörfer dem Hauptmann allein zum Quartier verordnet und zuständig sind. Wegen der Contribution habe er selbst ein Erinnerungsschreiben an den Grafen Wilhelm von Solms-Greifenstein erlassen; wollen übrigens die Bauern nicht contribuiren, so mögen die Soldaten, da jetzt das Korn zu reifen anfängt, sich selbst so gut wie sie können Brot verschaffen.

Dietz, 8. Juli 1626. Herzog Adolf an Graf Wilhelm zu Solms-Greifenstein. (Entwurf). Der Herzog beschwert sich, daß „unserer in Euren Dorfschaften einquartirten Compagnie Soldaten von den Eurigen so schlechte Handreichung geschicht, daß sie auch das liebe Brot zur Nothdurft nicht erlangen, viel weniger aber einen Trunk Bier haben können." Der Graf möge bei seinen Unterthanen die Anordnung treffen, daß wer noch Vorrath habe, den andern beispringe, damit die Soldaten accommodirt und unterhalten werden. Widrigenfalls — die nachfolgende Drohung ist jedoch ausgestrichen und also wohl auch nicht in den Brief gekommen — sei keine Disciplin zu halten und „den Knechten, wo es zu finden einzuholen, nicht zu verdenken."

Aschersleben, 15. Juli 1626. Albrecht Herzog zu Friedland an Herzog Adolf. Aus dem herzoglichen Schreiben vom 24. Juni hat Waldstein wohl verstanden, was Adolf „uns neben Herzogen Georgen zu Lüneburg wegen Erweiterung der Quartiere" geschrieben. Adolf wird aber aus dem vorigen Antwortschreiben schon vernommen haben, „was gestalt die Gegentheil sich gegen Ihr Kaiserl. Maj. Länder wenden und ihr ganzes dissegni gegen dem Herzogthum Schlesien dirigiren, als dahin allbereit (allen einkommenen gewissen avisen nach) der König in Schweden mit seinen 15000 Mann (da er zuvor dieselben, so es nit schon beschehen, doch stündlich gewartet wird, in Pommern distrahiret) seinen Zug an der Oder heraufwärts gerichtet, wie auch der Herzog von Weimar und Mansfeld mit 8000 Mann nach Frankfurt an der Oder sich incaminiret." Daher erfordert die höchste Nothdurft, zur Succurrirung der kaiserlichen Länder etliches Volk dahin zu schicken und darunter auch Adolfs Mannschaft nach Böhmen marschiren zu lassen. Waldstein ersucht darum den Herzog Adolf, "kein einzige Zeit zu verlieren, sondern Tag und Nacht mit Deroselben neugeworbenem Volk, es sei gemustert oder nit, mit dem so Sie beisammen haben, in continenti gegen den Leitmeritzer Kreis zu marschiren"; dort werde er ohne Zweifel gutes Quartier finden und binnen Kurzem weitere Ordre bekommen, ob er weiter gegen Schlesien oder "hereinwärts zu Uns" marschiren soll, "weil Wir gesonnen sein, dem Feind, da er seine ganze Macht hinwenden und die Nothdurft am meisten erfordern wird, mit der ganzen kaiserlichen Armee nachzufolgen." Zum Schluß wird die Bitte um sofortigen schnellen Abmarsch nochmals aufs Dringendste wiederholt.

Dietz, 17. (im Rubrum 22.) Juli 1626. Entwurf eines Beglaubigungsschreibens für den herzoglichen Hofmeister Oswald von Baumbach, welchen Herzog Adolf an den General Herzog zu Friedland abschickt, um "in Unsern hochangelegenen Sachen bei Deroselben in Unserem Namen mündliches Anbringen zu thun."

s. l. et d. "Punkte zu Verfassung der Instruktion an Herrn General Herzogen zu Friedland."

Dietz, 22. (12.) Juli 1626. Entwurf zu einer Instruktion für Oswald von Baumbach. (Sehr stark durch Wurmfraß beschädigt.) Der Abgesandte soll vier Punkte bei dem Herzog von Friedland vorbringen.

1. Die Einlegung der beiden Compagnien in Limburg an der Lahn hat Herzog Adolf nur aus äußerster Nothdurft gestattet. Als er nämlich am Zollhaus bei Münsfelden Rendezvous gehalten hatte und die Soldaten darauf wieder in ihre bisherigen Quartiere marschiren sollten, wurden sie, sobald sie auf dem Rückweg durch Limburg passirten, "stutzig", und er wurde dadurch "gemüssigt", sie einige Zeit lang dort zu lassen. In Betreff der Führung der Soldaten daselbst wird auf das beigelegte Zeugniß derer von Limburg verwiesen.

Limburg, 2. Juli 1626. Bürgermeister und Rath bescheinigen den beiden Hauptleuten Cronegg und Berl, welche auf Befehl des Herzogs Adolf daselbst logiren, daß sie, ihre unterhabenden Offiziere und gemeine Soldaten während eines Aufenthalts von „mehr als in die vierte Woche" sich also verhalten haben, daß der Rath und die Stadt über dieselben im wenigsten nicht zu klagen haben. Auf Befehl des Raths unterzeichnet vom Bürgermeister Heinrich Hund. (Abschrift, beglaubigt vom Notar Conrad Vogell zu Dietz.)

II. Der Herzog beschwert sich über die Gewaltthätigkeiten, welche die Kurtrierschen Soldaten gegen sein neugeworbenes Regiment zu Fuß begangen haben; sie haben nicht nur den Feldscheerer des Oberstlieutenants zweimal gewaltthätig angegriffen, wie er zu Quartier ging, sondern auch auf den Hauptmann Jonas Freiherr von und zu Cronegg sowie auf seine Soldaten im Vorübermarschiren geschossen, Gottlob ohne Schaden; überdies haben sie einen Hauptmann vom Regiment des Oberst Wratislaw gewaltthätig ausgeplündert; Pferd, Koller und Feldzeichen sind ihm zwar zurückgegeben, aber das Geld, ein Kleinod und eine goldene Kette mit dem kaiserlichen Conterfei haben sie behalten.

III. Unter Berufung auf seine langen treuen Dienste und da er schon „allbereits viel Truppen zu Pferd bei und an der Hand" hat, bittet Herzog Adolf, daß der General ihm, wie es bei andern Cavalieren schon geschehen, neben seinem Regiment zu Fuß auch ein Werbungs-Patent auf 1000 Pferde verleihen und das nöthige Geld dazu vorschießen wolle; den Musterplatz wünscht er in Franken angewiesen zu erhalten.

IV. Herzog Adolf meldet, daß er auf S. Liebden Veranlassung durch Abgeordnete mit Bürgermeister und Rath zu Frankfurt am Main, wegen Erlegung des (ersten) Mustermonats für sein neugeworbenes Regiment zu Fuß, unterhandelt habe und desgleichen mit der „gemeinen

Judischheit" (Judenschaft) daselbst wegen Bezahlung der Waffen; aber beide Theile hätten sich zu Nichts verstehen noch bequemen wollen. Der Herzog bittet deshalb um weitere Resolution.

Was der General darauf resolvirt, soll Baumbach in Obacht nehmen und nach seiner Rückkehr ausführliche Relation thun, wie denn auch Herzog Adolf Alles, was Baumbach hierin verrichten und verhandeln wird, gleich als ob es von ihm selbst geschehen, für genehm halten und ihn deshalb vor männiglich vertreten und schadlos halten will.

Dietz, 22. Juli 1626. Herzog Adolf an Graf Tilly, zur Antwort auf dessen Schreiben vom 17. d. (Entwurf.) Von dem Herzog zu Friedland hat er den vom 5. d. datirten Befehl erhalten, mit seinem neugeworbenen Regiment zu Tilly zu stoßen, dann aber eine zweite Ordre vom 14. d., ungesäumt nach Böhmen in den Leitmeritzer Kreis zu marschiren; in Folge dessen hat er es für das Beste gehalten, seinen Hofmeister Oswald von Baumbach an Friedland abzuschicken, um dessen Intention um so viel besser zu vernehmen. Sollte er jedoch anderweitige Ordre bekommen, sich mit Tilly zu vereinigen, so soll es an ihm nicht fehlen.

Dietz, 22. Juli 1626. Entwurf zu einem Brief Herzog Adolfs an den Grafen zu Schwarzburg und den Grafen von Gleichen. Da der Herzog jetzt etliche gute Rosse bedarf, so bittet er um ein gutes Soldatenpferd, welches der Graf dem Vorzeiger dieses, Oswald von Baumbach, zustellen lassen möge, damit dieser es dem Herzog überbringe; er wolle gern dem Grafen hiernächst in gleichem Fall wieder mit einem andern guten Pferd aushelfen.

Dietz, 22. Juli 1626. Herzog Adolf an den Kurfürstlich Mainzischen Vogt Friedrich Merckell zu Nieder-Suhl. (Entwurf.) Der Herzog hat erfahren, daß der Vogt acht kaiserliche Soldaten (deren Namen auf einem beiliegenden Zettel) unverantwortlicher Weise aufhält; er vermahnt ihn deshalb ernstlich, dieselben alsobald loszugeben und nach Dietz ins Hauptquartier zu schicken

Dietz, 27. (17.) Juli 1626. (Entwurf. Es steht im Brief „Juni", hinten beim Rubrum ist „Juli" berichtigt). Herzog Adolf an den Herzog zu Friedland. Dessen Schreiben und die mündliche

Verrichtung des Freiherrn Lorenz von Hoffkirchen, Rittmeisters unter Oberst Pechmann, hat Adolf vernommen; darauf verspricht er binnen drei oder vier Tagen mit dem neugeworbenen Regiment aufzubrechen und mit möglichster Eile nach Böhmen zu marschiren. Nur seine Hauptleute Caspar de Rogier in der Graffschaft Erbach und Schonberg de Wrede auf den Gütern und Dörfern der Abligen Wolfskeel, Egger und Alertsheim müssen noch eine kleine Zeit, um sich zu completiren, dort still liegen bleiben. -- P. S. Der Herzog bittet, „doch ohne Maßgebung", Friedland möge seinem Commissar Mözger (Metzger) befehlen, sobald er das Regiment des Herzogs zu Lüneburg gemustert habe, sogleich nach Böhmen zu reisen und das Regiment Adolfs zu mustern.

Dieß, 28. Juli 1626. Quittung über 200 Reichsthaler, welche auf Befehl des Herzogs Adolf an den Diener (Jungen) des Rittmeisters von Hoffkirchen ausbezahlt sind. Quittirt Gorig Schneider (?).

Dieß, 28. (18.) Juli 1626. Werbungs-Patent des Herzogs Adolf für seinen Hauptmann Caspar de Rogier, welcher eine Compagnie von 300 Mann zu Fuß werben und bis zur Completirung derselben in der Graffschaft Erbach bleiben, dort den Marsch-Befehl des Generals Friedland oder des Herzogs abwarten und gute Ordnung halten soll. Demnach werden alle und jede, bei denen der Hauptmann mit seiner Compagnie jetzt oder künftig logiren wird, gebührend ersucht, denselben ihren nothdürftigen Unterhalt zu verschaffen und allen guten Willen zu erweisen. (Entwurf, bei dem im Rubrum die schon früher erwähnten Notizen über Hauptmann Schonberg de Wrede, vom 5. Juli 1626, beigefügt sind.)

Um die vorstehenden Nachrichten in Einklang zu bringen, werden wir annehmen müssen, daß Herzog Adolf unter Wallensteins Generalat zuerst 1625 ein Reiterregiment werben wollte, aber aus irgend welchen Gründen 1626 das Patent gegen ein anderes über ein Regiment Fußvolk austauschte; doch hatte er schon einen Haufen Reiter beisammen und behielt sie. Nachher wünschte er aber beides zu vereinigen, wie aus der Instruction für Baumbach erhellt.

Ueber den Marsch des Herzogs nach Süden, von Nassau in die kaiserlichen Erblande, bringt die schon erwähnte Nürnberger Chronik folgende Notiz:

„Den 14. August 1626 sind 3000 Mann zu Fuß unter Herzog Adolf von Holstein allhier (bei Nürnberg) zunächst um die Stadt aufkommen, haben übel gehauset und die Quartiere selbst genommen, wie es ihnen gefallen hat. Der Obrist ist zu Almoshof gelegen. Haben das Landvolk mit Plündern, Rauben, Schlägen, als jemals erhört worden, übel tractirt, auch in der Nacht zu Großreut hinter der Vesten zwei Städel und ein Haus abgebrannt, wie auch zum Selb vier Zimmer, und zu Tennenlohe aus lauterem Muthwillen ein Markgräfisch Haus. Sind den 20. ditto aufgebrochen und nach Regensburg marschirt, sind wider die rebellischen Bauern im Ländlein ob der Ens gebraucht worden. Sind 12 Compagnien zu Fuß gewesen und auch von hier aus proviantirt worden. *)"

Wir wollen dem Herzog jetzt nicht über die Oesterreichische Gränze Schritt für Schritt folgen, indem wir uns vorbehalten, seine Correspondenz vom September 1626 bis Februar 1627 an einem andern Ort mitzutheilen. Hier nur soviel: am 18. September 1626 ging der Herzog aus seinem Quartier Haffnerzell (im Stift Passau) über die Donau zu Schiff nach Wesenufer (im Land ob der Ens) und von da weiter nach Neukirchen, wo Nachtquartier gemacht wurde; hier aber ward das Regiment am 19. früh (um fünf Uhr) von den aufständischen Bauern überfallen, welche unter den noch halbverschlafenen unbewehrten Soldaten eine große Niederlage anrichteten; der Herzog selbst entkam nur mit Wenigen über die Donau**) Es wurde dem Holsteinischen Regiment nunmehr der Markt Altheim (im Innviertel, zwischen Braunau und Schärding) zum Sammelplatz angewiesen; Adolf nahm aber dies Quartier nicht an, sondern zog sich auf das westliche Ufer des

---

*) Murr, Beiträge zur Geschichte des dreißigjährigen Kriegs 26.
**) Khevenhiller X. 1172, 1194. — Franz Kurz, Geschichte des Bauernkriegs in Ober-Oesterreich 393—395.

Inn, in die Herrschaften Ortenburg und Neuburg (bei Passau) zurück; am 29. October finden wir sein Hauptquartier noch in Ortenburg. Am 9. November aber ist der Herzog mit tausend seiner Musketiere bei dem vereinigten österreichisch-bayrischen Heerhaufen unter Pappenheim, welcher die Bauern bei Efferding schlägt. Und als Tags darauf, am 10. November Morgens, die Stadt Efferding sich den Siegern ergab, ward „der Herzog von Holstein mit guter Besatzung allda gelassen*)". Der Oberösterreichische Bauernkrieg ist darauf in wenigen Wochen beendigt, und so hat Herzog Adolf gleich sein Winterquartier in Efferding behalten; der letzte uns vorliegende Brief (von Oberst Löbel aus Wels, 16. Februar 1627) ist noch an „Ihr Frl. Gnad. Herzogen zu Holstein rc. Efferding" adressirt.

Aus diesem friedlichen Winter-Garnisonsleben wollen wir doch einen richtigen Landsknechtsbrief mittheilen. Der Oberstlieutenant Friedrich von Schlez richtet nämlich an seinen Oberst Herzog Adolf folgendes Schreiben, datirt „Aschau den 28." (wahrscheinlich 28. Decbr. 1626; Aschau oder Aschach liegt an der Donau, eben nordwestlich von Efferding und ohne Zweifel ist ein Theil des Regiments dort im Quartier gewesen.)

„Durchleuchtiger Hochgebohrner gnediger Fürst und Obrist, Jez ist der ander Brief von Ihr Fürstl. Gnad einkomen, darauß ich die Reducierung in fünff Compagnia wohl vernomen. Sollte es nun geschehen, wurdet mans miessen sein lassen, daß es doch uns wenig mit Darreichung eins Monatssoldts und durch ordentliche Commissario geschehe. Die verlohrne Fendel (Fähnlein) betreffend, ist nicht wenig, daß es ein alt Herkomen und wohl auch geschehen, daß die Knecht sambt den Officiern durch Verlierung deß Fandels ihren ganzen Rest verlohren; aber zue selbiger Zeit habs (haben sie) ordentliche Bezahlung gehabt, auch Mustermonat, Abziehmonat, Schlacht- und Sturmmonat gereicht, da man jetziger Zeit von denen Sachen nicht, sondern nur von ein und dem andern nits wert (? wird). Doch wurdet sich nichts nötten (?) lassen und muß man sich halt der Quartier behelffen, darumb ich

---

*) Kurz 418, 423. Khevenhüller 1197, 1199.

auch bißhero die Compagnia also verbleiben lassen, und ist mir auch alß wie Ihr F. G., was geschehen soll, je eher je besser. Alhier will ich alles . . . . . und alles aufs beste so möglich richten. Meiner Matressa hab ich meinen Landsknecht Treu und Glauben zuegesagt uf die Faßnacht sie zue sehen. Jetzt thue Euer F. G. ich umb Dero Controsee pitten, dorbei stunde nicht ibel ein mit selber Seiden gestricht Camissol so der Franzboß ufm Leb-markth mit Undhoseen und Strimpfen faibl hat. Daß konte ich ihr zue mahlen iberschickhen und dorbei daß sie dieses Fürstl. Controse ehre, dem lebndigen aber die Schuld meines langen Außbleibenß geebe. E. Für. Gnad gehorsamster treuer Landts-knecht Fritz von Schlez." — (Man sieht daraus, welch eigenthüm-liche Pitten ein Stabsoffizier jener Zeit an seinen fürstlichen Re-gimentschef unbefangen richten durfte.)

Hier in Efferding ist denn auch das Herzoglich Holsteinische Regiment zu Fuß endlich gemustert worden und zwar am 25. Januar 1627 durch den Obersten Weickhard Freiherrn zu Auersperg *). Es liegt uns vollständig, doch durch Mäusefraß beschädigt, vor das „Muster-Register über des Hochwürdigen **) Durchlauchtigen und Hochgebornen Fürsten und Herrn, Herrn Adolfen zc. selbsteigne Leib-Compagnia". Hier werden 14 als zum Stabe gehörig auf dem „ersten Blatt" aufgezählt: als Hauptmann der Herzog selbst mit 150 fl., Capitain-Lieutenant Peter Pflaumer von Reicharts-hofen 50, Fähnrich Raymund Satler von Augsburg 35, ein Feld-webel 25, zwei gemeine Waibel 36, ein Führer†), ein Fourier†), ein Feldschreiber 20, ein Feldscheerer 18, drei Trommelschläger und ein Pfeifer je acht fl.; zusammen 400 Gulden Monatssold.

---

*) Genannt bei Khevenhiller X. 1164.

**) Der Titel „Hochwürdiger" kam dem Herzog zu wegen seines geistlichen Amtes, als Coadjutor.

†) Hier sind die Zahlen weggefressen; nach einem anderweitigen „Er-sten Blatt" aber dürfen wir annehmen, daß Führer und Fourier je 18 haben, wo denn auch die Schlußsumme stimmt. — Auf dem gedachten „Ersten Blatt", das nicht weiter bezeichnet ist, finden sich folgende An-gaben:

Dann folgen 21 „Gefreite", an der Spitze ein Corporal mit 15, die übrigen mit 8, 9 oder 10 fl. Dann 79 „Piken", an der Spitze ein Caporal mit 14, die übrigen mit 7 bis 10 fl. Endlich die Musketiere, in fünf Caporalschaften, von denen die erste 38, die zweite, dritte und fünfte je 41 und die vierte 39 Mann zählt; an der Spitze einer jeden ein Caporal mit 14, die übrigen 7 bis 8 fl. — Auf dem letzten Blatt ist eine (hier verstümmelte) resumirende Bemerkung beigefügt, daß die Compagnie auf dem ersten Blatt 14 und dazu 300 zähle, welche sich zusammen auf 2700 Gulden Rheinisch belaufen; unterzeichnet von Weic. Fh. zu Auersperg (mit Siegel) und Wolf Heinberger.

Von einem zweiten Muster-Register liegt nur das letzte Blatt vor, von dem wir die Schlußbemerkung vollständig folgen lassen: „Heut dato den 25 Januarii 1627 ist des wohlgebornen Herrn, Herrn Johan Michael Konzky, des löblichen fürstl. Holsteinischen Regiments Hauptmanns, untergebene Compagnie gemustert worden, unter welcher sich an der Mannschaft im ersten Blatt vierzehn und dann dreihundert effective so sich praesentirt, befunden, welche sich sammt dem ersten Blatt in Gelde auf zweitausend siebenhundert Gulden R. belaufen. Dessen zu mehrer Urkund hab ich dies mit meinem angebornen Petschaft und Handunterschrift verfertiget. Actum Eferding am 25 Januarii Ao. 1627. Weic. Fh. zu Auersperg (mit Siegel). Dietrich Wittichen."

Aus eben dieser Zeit rührt wahrscheinlich auch die schon früher (ohne Orts- und Zeitangabe) veröffentlichte Bittschrift des Herzogs Adolf an den Kaiser her. Der Herzog macht darin vorstellig: „er habe vor einem Jahr auf eigene Spesen und Unkosten, ohne irgend welches Lauf- oder Werbegeld noch auch den ersten

---

„Dem Hauptmann zur Leibsbesoldung und auf seinen Jungen, auch auf seinen Schreiber, Trabanten, Dolmetsch und Leibschützen in Allem monatlich 150 fl.

„Auf einen Fähnrich und seinen Jungen 50 fl.

„Einen Lieutenant 35 fl."

Dann folgt der Feldwebel mit 25, der Feldschreiber mit 20, der Feldscheerer mit 16, der Fourier und der Führer mit je 18, zwei Trommler und zwei Pfeifer mit je 8; zusammen 364 Gulden.

Mustermonat empfangen zu haben, für den Kaiser ein Regiment hochdeutsches Kriegsvolk zu Fuß von 3000 Mann geworben und bewaffnet, sogar ohne daß dasselbe einen Musterplatz gehabt habe. Dann habe das Regiment auf Befehl des Kurfürsten von Bayern nach dem Land ob der Ens marschiren müssen, wo die leidige Niederlage geschehen, auch viel Gewehr und Mannschaft verloren sei; dafür habe er wieder aus eigenem Seckel recrutiren, die Waffen auf Credit anschaffen und jüngst abermals drei Fähnlein neu werben müssen, ohne einen Pfenning Zuschuß. Dazu habe er durch seine Treue gegen den Kaiser sich den König von Dänemark verfeindet, so daß dieser ihm sein ganzes jährliches Einkommen und Unterhalt habe entziehen lassen. Nun aber wollten die Kaufleute, denen er für Waffen u. s. w. Geld schulde, „bei verflossenem Zahlungstermin kurzum befriedigt sein." Daneben sei dem Herzog jedoch wohlbewußt, daß die kaiserlichen Aemter und Einkommen durch die langwierigen und schweren Kriegsausgaben entblößt seien, und so bitte er allergehorsamst: Kaiserliche Majestät wolle ihm eine allergnädigste Assignation auf die fünf Schwäbischen Reichsstädte Nördlingen, Dünkelsbühl, Rotenburg, Aalen und Giengen ertheilen, und deshalb die nöthigen Schreiben durch die Reichshofkanzlei ausfertigen lassen, damit diese Städte ihm „in Abschlag auf seine Kriegs-praetension" dreißig tausend Gulden gegen Quittung auszahlen möchten, und zwar auf ihre Reichscontribution oder anderweitigen dem Kaiser zukommenden Geldhülfen*)."

Welchen Bescheid Herzog Adolf auf diese Eingabe erhalten hat, erfahren wir nicht. Ebensowenig wissen wir über die Beschwerde, welche er gegen den dänischen König erhebt; doch erscheint folgende Vermuthung gerechtfertigt. Durch das Mandat des Niedersächsischen Kreises vom März 1626 waren alle Angehörigen des Kreises aus den Heeren Tillys und Waldsteins zurückgerufen worden, widrigenfalls gegen sie „als Feinde und Verräther des Vaterlandes mit unnachläßiger Strafe an Leib, Ehr und Gütern, mit Verlust aller Rechte und Gerechtigkeiten" verfahren werden solle**). Adolf

---

*) Londorp, Acta publica III. 997. Vgl. Lackmann III. 212.
**) Londorp III. 870.

hatte diesem Kreisbefehl offenbar zuwider gehandelt; so war es nur dem strengen Recht gemäß, wenn König Christian IV. darauf bestand und Herzog Friedrich III. darin willigen mußte, ihm die jährliche Apanage zu entziehen, welche durch das Gottorpische Primogeniturstatut vom 19/9. Januar 1608 den jüngern Söhnen zugesichert war. Auch etwaige Einkünfte aus dem Stift Lütel mögen mit Beschlag belegt sein.

Wir verlieren den Herzog Adolf nunmehr einige Monate lang ganz aus dem Gesicht, bis wir ihm in Schlesien wieder begegnen. Es liegt nämlich noch ein letztes Blatt von einem Muster-Register vor, welches Unterschrift und Siegel Adolfs und daneben folgende Bemerkung trägt: „Ao. 1627 den 18. Juli ist von mir Endbenanntem, als von Ihro Frl. Gn. Herrn Obristen ec. delegirten Commissario bei gehaltener Musterung bei Strölz vorgesetzte Mannschaft an Officieren und gemeinen Soldaten mit gehöriger Ober- und Unterwehr postandt (?) befunden worden. Cuno von Nassau, Hauptmann." (Mit Siegel.) — Unter dem genannten Ort „Strölz" ist unzweifelhaft Groß-Streblitz zu verstehen.

Wenige Tage darauf sehen wir den Herzog Adolf im Kampf mit den dänischen Truppen, welche damals noch in Schlesien standen. Er hatte nämlich Befehl erhalten, mit seinem Regiment zu Roß und zu Fuß nach Polen zu marschiren, und dem König Sigismund im Krieg gegen König Gustav Adolf von Schweden beizustehen*). Am 23. Juli 1627 war er bei Landsberg, an der schlesisch-polnischen Gränze, angelangt; da erschien die dänische Reiterei unter Generalmajor Baudissin, welche früher bei Kosel ge-

---

*) Chemnitz, schwedischer Krieg in Teutschland I. 8 und Geijer, Geschichte Schwedens III. 127. Johannes Micrälius, letzte Pommerische Jahrgeschichten 131 (Buch IV. und V. der Antiquitates Pomeraniae) nennt den Herzog irrthümlich „Friedrich" und giebt seine Mannschaft auf 10 Compagnien an. In einem spätern Briefe Waldsteins (bei Förster I. 128), wo es sich um die abermalige Rücksendung dieser kaiserlichen Hülfstruppe nach Polen handelt, wird dieselbe auf 4000 Mann angegeben „Der König aus Polen hat solches Regiment selbst gezahlt", schreibt Waldstein (a. a. O. 124.)

legen hatte, hinter Rosenberg zu Schürecken. „Als solches die
Holsteinischen gewahr geworden, haben sie derselben Ankunft nicht
erwarten wollen, sondern sind eilend aufgebrochen und haben ihren
Weg gegen Pitschen genommen. Aber die Dänischen sind ihnen auf
dem Fuße nachgeeilet und haben die Holsteinischen, als sie hinter
Pitschen über den Damm gerückt waren und zu Diette, Ehewitz
und Lübrunnen ihr Quartier genommen hatten, unversehens überfallen, deren eine ziemliche Anzahl niedergemacht und die Dörfer in
Brand gesteckt*).“

Ueber die Wirksamkeit Adolfs in Polen ist uns Nichts bekannt; er ist auch nicht lange dort geblieben, denn bereits im Juli,
August 1627 wurden Friedensunterhandlungen mit Schweden angeknüpft, in Folge deren König Sigismund die kaiserlichen Hülfs-
truppen zurückschickte**). Waldstein verlangte nun, Anfang October,
daß der Herzog Bogislav XIV. von Pommern dem Holsteinischen
Regiment freien Paß durch sein Land gewähren möge, damit dasselbe zu der übrigen kaiserlichen Armee in Mecklenburg und Brandenburg stoßen könne. Bogislav that darauf was noch kein Reichsfürst, Waldstein gegenüber, gewagt hatte, er schlug die Bitte ab;
aber einem wiederholten Ansinnen mußte er sich fügen, und ward

---

*) Khevenhiller X. 1636. Slange 588; deutsche Ausg. von
Schlegel III. 314. Micrälius a. a. O. nennt statt Landsberg das be-
nachbarte Kreuzburg. — Das eigentliche Treffen bei Pitschen hat wahrscheinlich erst am 24. Juli 1627 stattgefunden.

**) Es scheint, daß die Polen mit Herzog Adolf nicht besonders zufrieden
waren. Als sie schon im Herbst wieder kaiserliche Truppen begehrten,
wurden deshalb andere Regimenter dazu commandirt. Waldstein schreibt
darüber an Oberst Arnim, 17 Novbr. 1627: „Ich besorge mich, daß die
Tiesenbachischen Offiziere und Knechte werden meinen, daß sie in Ab-
grund der Höllen ziehen, wenn sie in Polen ziehen sollen. Wird derowegen von Nöthen sein, daß der Herr dextramente ihnen zu verstehen
gibt, was das für Dienst ist; daß man neben den guten Quartieren in
Preußen noch alle Monat bezahlt wird. Daß sie den Herzog von Holstein nicht länger haben wollen, wäre aus der Ursach geschehen, daß er
mit ihnen stets geschnarcht hat.“ (Bei Förster I. 140; Nr. 72.) Das
Wort „schnarchen“ ist hier wohl als „murren, schelten, hadern“ auf-
zufassen.

nun für seine Keckheit noch weiter bestraft: Herzog Adolf erhielt nämlich unterwegs, nachdem er Stettin passirt hatte, den Befehl in Pasewalk Halt zu machen und dortherum sein Regiment in Quartier zu legen. Und kurz darauf verfügte Waldstein die Besetzung des ganzen Herzogthums Pommern, welche auch sofort vollzogen wurde, November 1627. Bei dieser Gelegenheit mußte Herzog Adolf das Quartier wechseln; es wurden nämlich im Ganzen 35 Compagnien von den Regimentern Holstein, Verdugo, Pallant (Ballant) und Götz nach der Insel Rügen verlegt.*)

Um diese Zeit wird Herzog Adolf wiederholt erwähnt in den Briefen Waldsteins an seinen Unterbefehlshaber Hans Georg von Arnim. Am 9. Novbr. wird die Verlegung des Holsteinischen Regiments zu Fuß nach Rügen wiederholt genehmigt**). Am 15. November schreibt Waldstein: „Daß Rügen soll besetzt werden, das sag ich auch, und der Herr muß hinein thun 10 holsteinische Fähndle, nacher noch 5 Fändle von einem andern Regiment mit einem wohl versuchten Oberstlieutenant, und alsdann des Oberst Götzen 6 Compagnien Reiter; und also in Abwesen des Herzogs von Holstein soll der Obrist Götz das Commando haben, in Abwesenheit desselbigen der älteste Oberstlieutenant***).“ Am 17. November: „Auf die Insel Rügen muß der Herr gutes Aug geben, denn der Herzog von Holstein glaubt oft seinen Offizieren, und sein Oberstlieutenant taugt nicht viel; der Oberst Götz und der andere Oberstlieutenant werden müssen das Beste thun†).“ — Am 22. November: „In Pommern und sonsten überall sehe der Herr, daß er gute Disciplin hält, und wer dawider handelt, den strafe er mit Ernst ohne einzigen Respect. Ich besorge mich, daß der Herzog von Holstein wird seinen Offizieren viel durch die Finger sehen, dadurch denn große Unordnungen einreißen werden. Der Herr leide es nicht, denn ich will gewiß Hand darüber halten

---

*) Barthold, Geschichte von Rügen und Pommern III. 524. Micrälius 131 und 135.
**) Förster, Wallensteins Briefe I. 130; Nr. 62.
***) a. a. O. 134; Nr. 68.
†) a. a. O. 141; Nr. 73.

und werde nicht zulassen, daß des Herrn ordini sollen transgredirt werden. In die Insel Rügen losire der Herr noch auf alle Weise zu dem Herzog von Holstein den Oberst Götz mit seinen 6 Comp. Reiter und den Oberstlieutenant Stamer noch mit 5 Fähnlein zu Fuß, denn ich will Leute dort haben, auf die ich mich verlassen thue*)". — Am 30. November: „Daran trag ich kein Zweifel, daß der Herr in der Insel Rügen den Götz und Stamer neben dem Herzog von Holstein losirt hat, denn ich hab meine consideracionem darin warum ich's thue**). "— Endlich am 3. Januar 1628: „Insonderheit aber liegt mir im Kopf die Insel Rügen gar sehr, denn der Herzog ist in der Zeiten gar zu fromm und giebt nicht auf alle Sachen minutemente Achtung, und dies muß wohl in Acht genommen werden***);". — Es geht aus alle dem hervor, daß der Generalissimus Waldstein zu der militärischen Tüchtigkeit des Herzogs Adolf durchaus kein unbedingtes Vertrauen hatte.

Aus der Zeit, daß Herzog Adolf auf Rügen commandirte — er hatte sein Hauptquartier in der Stadt Bergen — liegen uns folgende Originalakten vor:

Bergen, 10. Juni 1628. Herzog Adolf befiehlt dem Proviantmeister Hermann von Köln, daß er für die Compagnie des Hauptmann Jonas von Croneyk „täglich auf 150 Mann Commißbrot, jedes zu anderthalb Pfund gebacken" beschaffen und gegen Quittung des commandirenden Offiziers liefern soll.

Schanze an der neuen Ueberfuhr (Fähre), 16. Juni 1628. Der Hauptmann im Regiment des Feldmarschalls Hans Georg von Arnim, (Sunnemann von Sunn?), quittirt über 600 Pfund Brot, welche er für die 300 commandirten Knechte von dem verordneten Proviantmeister des Oberst Götz, Hermann von Köln, empfangen hat.

Quartier Gustow, 17. Juni 1628. Desgl. von demselben über „300 Brot oder 600 Pfund Brot."

---

*) a. a. O. 150; Nr. 79.
**) a. a. O. 160; Nr. 89.
***) a. a. O. 258; Nr 119.

Bergen, 2. August (23. Juli) 1628. "Aus Befehl Ihr Fürstl. Gnaden" thut der fürstl. Holsteinische Quartiermeister Johannes Behr dem Proviantmeister Hermann von Köln kund, daß er 5000 Mann täglich mit Proviant versehen soll; vier Wagen, welche beifolgen, soll er mit Proviant beladen zurückschicken. — P. S. "Bitt der Herr berichte mich mit zwei Worten, wieviel Brot auf diesen vier Wagen sein mögen, damit der Herr gebührender Maßen quittirt wird."

(Neu-Werk oder) Neue Barth (Fähre), 5. August 1628. Lieutenant Karl von Ehing quittirt über 420 Pfund (Brot), zum Proviant auf zwei Tage für 140 Mann, welche er "heut dato .... wieder auf dem Ausschuß bei dem Torquato Conti'schen Regiment" empfangen hat.

Aus eben dieser Zeit datiren auch drei bereits früher (leider ohne Orts- und Zeitangaben) gedruckten Urkunden, nämlich 1) ein s. g. "Rest-Zettel", unterzeichnet und besiegelt von Oberst und General-Commissar Johann Aldringer, Musterungs- und Quartier-Commissar Johann Metzger, General-Proviantmeister Rathefe Müller und Obersten Zahlmeister Constantinus;

2) eine "Assignation" des Generalissimus Herzog zu Friedland, adressirt an die kaiserlichen Reichs-Hoffkammerräthe und Confiscations-Commissarien für den Niedersächsischen Kreis, Dres juris Reinhard von Walmerode, Johann Wendel und Johann Wohreamer (?); und

3) ein Brief des Obersten Aldringer an Herzog Adolf, zur Antwort auf ein Schreiben desselben "unter dem Dato Bergen den 9. hujus", welches dem Oberst "den 13. ejusdem wohl behändigt" ist*).

Aus diesen Aktenstücken ergibt sich Folgendes: Herzog Adolf hatte seinen Marschall und Hauptmann, Cuno von Raffau, an das Hauptquartier Waldsteins abgeschickt und dort eine Rechnung (Designation) über seine Vorschüsse und Auslagen im kaiserlichen Dienst vorlegen lassen, welche von dem kaiserlichen Feldmarschall

---

*) Noodt. Beiträge zur Erläuterung der Civil-, Kirchen- und Gelehrten-Historie von Schleswig-Holstein I. 669—674.

Herzog Heinrich Julius zu Sachsen-Lauenburg durch Unterschrift beglaubigt war; diese Rechnung ward von Waldstein zu endgültiger Prüfung an eine Commission verwiesen, und die Commission hat darauf in dem gedachten „Rest-Zettel" bescheinigt, daß dem Herzog Adolf „bis zu Dato 298000 Gulden unstreitbar gebühren und aus dem Kriegs-Zahlamt hätten sollen bezahlt werden, aber nichts erfolget." Darauf genehmigt Waldstein die Forderung, und da „anjetzo fürderfort anders kein Mittel denn daß die kaiserliche Schuld aus den Confiscationen-Gütern muß genommen und S. Liebden damit contentiret werden", so stellt er die gedachte „Assignation" aus, wodurch die Confiscations-Commissarien angewiesen werden, den Herzog Adolf aus den Gütern des verstorbenen königlichen Statthalters Gerhard Ranzau, Breitenburg nebst Pertinentien*), bis zu der Summe von 298000 fl. zu befriedigen. Und diesen Ausgang hat endlich Oberst Aldringer brieflich dem Herzog Adolf gemeldet, indem er hinzufügt: „Verhoffe, die Erben von dem Statthalter werden die baare Bezahlung thun, ehe sie die Güter verlassen; hergegen im Widrigen melden sich schon Kaufleute an, die baar Geld für die Güter geben wollen." — Ueber den weitern Verlauf wissen wir nichts; doch ist schwerlich anzunehmen, daß Adolf die gedachte Summe bekommen hat, denn durch Artikel 11. des Lübecker Friedens von 22. Mai 1629 wurden

---

*) Gerhard Ranzau war am 28. (18.) Januar 1627 gestorben, und sein Sohn, der neue Besitzer Christian Ranzau studirte in Sorö, war also abwesend, als Breitenburg am 29. (19.) September 1627 von den Kaiserlichen gestürmt wurde. (Slange, von Schlegel III 325). Trotzdem ward die Confiscation verhängt.

**) Londorp III. 1082. — Roedt a. a O. vermuthet, daß Adolf die „Assignation" Waldsteins nicht angenommen habe, und daß später sein Bruder und Erbe, der regierende Herzog Friedrich III. in Wien, auf Bezahlung habe mahnen lassen. Das sind aber nur Vermuthungen, und es ist allzu gewagt, das Schreiben Friedrichs vom 29. November 1653 an seinen Residenten Gans in Wien, wo nur ganz allgemein von „Erlangung der Kaiserlichen Assignation auf Unsre Euch bekannte Forderung" die Rede ist, in einer so anzüglichen Weise zu deuten.

alle Confiscations-Prozesse in Holstein „ohne einige fernere Prätension oder Entrichtung" gänzlich abgethan und abolirt **).

Auch andere noch größere Hoffnungen und Wünsche Adolfs sind durch eben diesen Friedenstractat, welcher die lange Fehde zwischen Kaiser Ferdinand II. und dem dänischen König Christian IV. beendigte, definitiv und vollständig gescheitert. Als im Herbst 1627 die ganze cimbrische Halbinsel von den kaiserlichen Heeren überschwemmt wurde, hatte Waldstein allerlei weitschauende Pläne ausgesprochen: er dachte daran die dänische Monarchie vollends zu zerstören, am liebsten im Bunde mit Schweden, das Norwegen und die übersundischen Provinzen nehmen möge; die dänische Krone wollte er dem Kaiser zuwenden und auf der Ostsee und Westsee als „General des Baltischen und Oceanischen Meeres" die deutsche Seeherrschaft fest begründen. Später, als er darauf verzichten mußte, hielt er wenigstens den Gedanken fest, die ganze Halbinsel für Deutschland zu gewinnen; noch zu Anfang 1629 forderte er nicht nur vollständigen Verzicht auf den königlichen Antheil der Herzogthümer Schleswig-Holstein, sondern auch Abtretung Jütlands an den Kurfürsten von Sachsen, damit derselbe es, anstatt der ihm vom Kaiser verpfändeten Lausitz, so lange als Pfand besitze, bis seine Forderungen bezahlt seien. Schon vorher begann der General hier frei zu disponiren; es hieß, die Aemter und die confiscirten adeligen Güter seien zur Belohnung und Bezahlung der kaiserlichen Offiziere bestimmt; so ward, wie eben erwähnt, Herzog Adolf auf Breitenburg und der Herzog Franz Albrecht von Sachsen-Lauenburg auf das Amt Hadersleben angewiesen.

Unter solchen Umständen war es ebenso natürlich wie entschuldbar, wenn Herzog Adolf den Versuch machte, den königlichen Antheil der Herzogthümer, ehe derselbe anderweitig verzettelt würde, für sich und sein Haus zu gewinnen; den König Christian IV. zu schonen, hatte er ohnedies keine besondere Ursache, und vielleicht hat ihn auch noch sein Oheim, der Erzbischof Johann Friedrich von Bremen und Lübek, welcher ähnliche Pläne verfolgte, aufgestachelt. Jedenfalls hat er nun zu diesem Zweck eine große Thätigkeit entwickelt, über die wir jedoch im Einzelnen nicht unterrichtet sind; nur wenige Urkunden und Briefe sind vollständig oder im Auszug gedruckt*). Namentlich bleibt es uns zweifelhaft, ob Herzog Adolf, wie erzählt wird, deshalb persönlich nach Prag ging; dagegen wissen wir (aus einem später mitzutheilenden Brief), daß er am 26. Januar 1629, also um die Zeit der Eröffnung des Friedenscongresses, in Lübek war. Auch die chronologische Reihenfolge der Einzelheiten ist nicht mit Sicherheit zu ersehen.

Ueber die Bemühungen Adolfs am kaiserlichen Hof gibt zunächst ein kaiserliches Decret, aus Prag vom 3. April 1628, Aufschluß. Es heißt darin: Die Kaiserliche Majestät habe allergnädigst angehört, auch alles Fleißes berathschlagt und sich umständlich referiren lassen über das gehorsamste Ansuchen und Bitten des Herzogs. Das Ansuchen ging dahin: da der dänische König durch seine gegen Kaiser und Reich ergriffenen unverantwortlichen Kriegswaffen sowohl für sich wie für seine Erben das Fürstenthum Holstein verwirkt habe, dagegen Adolf in der schuldigen Devotion verblieben und dem Kaiser mit Dasetzung alles Seinigen, ja Leibes und Lebens Kriegsdienst geleistet habe, so möge der Kaiser ihn mit dem verwirkten Part am Haus und Land Holstein allergnädigst providiren. Darauf wird dem Herzog das kaiserliche Wohlwollen ꝛc. zu erkennen gegeben, jedoch hinzugefügt, daß die Kaiserliche Majestät um hochwichtiger und erheblicher Ursachen willen der Zeit über das gedachte Ansuchen nicht resolviren könne**).

Daran reiht sich ein Extract aus dem Protokoll des Reichshofraths vom Dienstag den 9. Mai 1628: „Zu Holstein, Herzog Adolf dicit: er habe in Erfahrung gebracht, daß Ihre Kaiserliche Majestät Willens sei, etliche Aemter propter crimen laesae majestatis a Rege Daniae, tamquam Duce Holsatiae, commissum von dem Herzogthum Holstein zu alleniren. Weil nun solches der

---

*) Das wichtigste Material befindet sich im Archiv der vormaligen schleswig-holstein-lauenburgischen (früher „deutschen") Kanzlei zu Kopenhagen, und ist dort von Jahn für seine Darstellung (Historie om Danmarks Deeltagelse i 30 Aars-Krigen 431—434, 545) benutzt worden. — Die älteren Darstellungen bieten nur wenig: s. Slange 637, deutsche Ausg. v. Schlegel III. 369; Lackmann III. 257 und 271.

**) Londorp III. 1020-21.

simultaneae investiturae zuwider, petit daß gedachte Aemter, damit er vorangedeuteter Maaßen investiret, zu seiner rechtmäßigen Erspectanz und gethanen allergnädigsten kaiserlichen Vertröstung mögen reserviret und vorbehalten werden*)".

Weiter ein zweites kaiserliches Decret, aus Prag vom 23. Juni 1628: Der Herzog habe vorgestellt, daß dem Vernehmen nach die verwirkten Lehngüter und Aemter des dänischen Königs in Holstein sollten alienirt, auch anderweitig käuflich überlassen und zu Aufmunterung der Kriegskosten eingeschätzt werden; weil er nun als Herzog von Holstein über diese Reichslehn die Belehnung zur gesammten Hand (Simultan-Investitur) erhalten habe und überdies an der vom dänischen König begangenen Felonie oder Majestätsbeleidigung unschuldig sei, im Gegentheil allezeit zum Kaiser und zu den gehorsamen Reichsständen gehalten habe, so bitte er, die Kaiserliche Majestät möge ihn nicht von dem Seinigen verstoßen lassen, sondern vielmehr ihm die gedachten Aemter zur rechtmäßigen Erspectanz vorbehalten. Darauf erfolgt der Bescheid: sowohl nach dem gemeinen Recht wie nach den Reichsconstitutionen, nach Ausweis des Speierschen Reichstagsabschieds von 1570, und nach dem im Reich observirten Herkommen fielen die durch das Laster der Majestätsbeleidigung verwirkten Regalien und Lehen dem Kaiser anheim und sei derselbe befugt, frei darüber zu disponiren, ungeachtet der prätendirten Simultan-Investitur. Da jedoch der Kaiser geneigt sei, sich für die getreuen unterthänigsten und standhaften Dienste des Herzogs erkenntlich zu beweisen, so wolle S. Majestät des herzoglichen Ansuchens eingedenk bleiben und sich zu seiner Zeit darauf in Gnaden ferner resolviren**).

Es geht also daraus hervor, daß der kaiserliche Hof durchaus abgeneigt war, die rechtlichen Ansprüche anzuerkennen, welche Adolf in Betreff des königlichen Antheils von Holstein auf das Institut der Belehnung zur gesammten Hand begründen wollte; im Gegen-

---

*) Bei Lackmann III. 276 abgedruckt aus der Beilage zur Gottorpischen Widerlegung der Plönischen Annotationen Nr. 9.
**) Londorp III. 1021.

theil wurde der Herzog ausschließlich auf die kaiserliche Gnade vertröstet.

Anderweitig erfahren wir, daß Herzog Adolf — wahrscheinlich zu gleicher Zeit und für den Fall daß er das Ganze nicht erlangen könne — sich um einzelne Stücke des königlichen Antheils von Holstein bewarb; er bat um die Belehnung mit der Landschaft Süder-Dithmarschen und dem Amt Steinhorst (Wilster- und Crempermarsch). Auch wandte er sich an Waldstein und bat denselben in dieser Sache um sein Fürwort beim kaiserlichen Hof, indem er dabei zugleich die weitere Bitte aussprach, daß sein Bruder der regierende Herzog Friedrich III. mit dem Amte Flensburg beliehen werden möge. Aber die Antwort des Generalissimus war wenig tröstlich; er antwortete: es sei keineswegs die Absicht, die königlichen Besitzungen in einzelnen Stücken als Lehen zu vertheilen, sondern man gedenke, dieselben öffentlich zu verkaufen und mit dem Kaufgeld die kaiserlichen Kriegsobersten zu bezahlen *).

Auch seinen Bruder, den Herzog Friedrich III. suchte Adolf als Theilnehmer und Helfer für seine Pläne zu gewinnen. Er hat nicht nur brieflich, sondern auch durch einen Gesandten Heinrich van der Loo (Lohe) vorgeschlagen, Friedrich III. möge sich um die Aemter Flensburg und Habersleben bewerben und zugleich ihn in seinen Bemühungen um Süder-Dithmarschen und Steinhorst unterstützen. Jedoch Herzog Friedrich ging nicht darauf ein; er erklärte auf das Bestimmteste, daß er sich nicht mit der Sache befassen wolle, und rieth auch dem Bruder, den ganzen Plan aufzugeben; 22. (12.) Juni 1628**).

Jedoch Herzog Adolf hat sich noch keineswegs beruhigt; im Gegentheil, während schon der Lübeker Friedenscongreß tagte, ist er mit dem allerextravagantesten Plan hervorgetreten. Von ihm gesandt, erschienen (März 1629) am kaiserlichen Hof sein Kanzler

---

*) Jahn 431. 33 Vergleicht man hiemit die Bitte Adolfs im zweiten kaiserlichen Decret, so wird man danach annehmen dürfen, daß diese Antwort Waldsteins früher, also in den Vorsommer 1628 fällt.

**) Jahn 433.

Heinrich van der Loo und sein Marschall Cuno von Nassau und baten für ihren Herrn nicht nur nochmals um die Belehnung mit dem königlichen Antheil von Schleswig-Holstein, sondern auch um die provisorische Belehnung mit dem Königreich Norwegen. Der Herzog berief sich dafür auf Kaiser Otto I. der Bischöfe in Norwegen ernannt, auf Kaiser Lothar der dem damaligen Erzbischof von Hamburg die christliche Jurisdiction über Norwegen Island und Grönland aufgetragen, auf Kaiser Friedrich I. der auf dem allgemeinen Reichstag zu Bizanz (Besançon) Waldemar (den Grossen) mit Dänemark und Norwegen investirt, ebenso daß Kaiser Karl IV. Waldemar (Atterdag) ernstlich erinnert habe, Dänemark und Norwegen vom Reich zu Lehen zu nehmen; endlich auf das Pactum haereditarium so Kaiser Karl V. als Herzog von Burgund mit Christian II. über die wechselseitige Erbfolge geschlossen, wenn eines der beiden Geschlechter aussterben sollte*). — Also ein ganzer Apparat von falscher und halber Gelehrsamkeit war aufgeboten, um das Recht des Kaisers zu einer solchen Verfügung über Norwegen zu erweisen. Vergebens; der Lübeker Frieden vom 22. Mai 1629 machte bald all diesen Hoffnungen für immer ein Ende.

Während Herzog Adolf solchen Plänen nachging, hat er die Führung seines Regiments auf Rügen seinem Oberstlieutenant Friedrich von Schlez überlassen, welcher schon in Oberösterreich 1626 unter ihm diente; derselbe über den Waldstein, wie wir oben gesehen haben, ein so wegwerfendes Urtheil fällte („taugt nicht viel"). Von dem Briefwechsel, welchen nun dieser Oberstlieutenant mit seinem fürstlichen Regiments-Oberst geführt hat, liegen uns folgende Schreiben im Original vor:

Bergen, 12. Februar 1629. Schlez an Herzog Adolf. Der Herzog hat d. d. Lübek 26. Januar befohlen, dem Oberst Götz keine Veränderung der Quartiere zu gestatten, alle Vorräthe welche derselbe von den drei Höfen des herzoglichen Regiments

---

*) Mailath, Geschichte des österreichischen Kaiserstaats III. 136 nach einem Fascikel (30 jähriger Krieg Nr. 36; 1629 März) des k. k. geheimen Haus-, Hof- und Staats-Archives zu Wien.

weggenommen nöthigenfalls mit Gewalt zurückzunehmen, das fehlende aber wiederum von Götzens Höfen und Hufen zu entnehmen und künftig alles mit einer starken Wache zu verwahren. (Ueber das Einzelne wird der Hofmarschall Cuno von Nassau am besten berichten.) Nun hat sich aber Oberst Götz mit höflichen Worten entschuldigt: "Der Generalwachtmeister Lorenzo del Maestro habe befohlen, es (die Vorräthe?) unter die Regimenter zu vertheilen, und er müsse auch wider Willen mit der Theilung der Stadt Bergen, worauf Oberstlieutenant Balant und Contreros hart drängten, den Anfang machen." Unter diesen Umständen weiß Schlez sich nicht zu rathen, da er, wenn er die Ordre des Herzogs befolgt, fürchten muß, bei dem Herrn General Obersten Feldhauptmann verklagt zu werden. (Lücke, indem das untere Stück des Briefs zerstört ist.) Er will sich mit den Hauptleuten Rogier, Waradegk und Nassau unterreden und, bis wieder Antwort vom Herzog kommt, alles so gut wie möglich verrichten.

(Es handelt sich also hier um Streitigkeiten über Quartiere und Vorräthe; das Holsteinische Regiment, das in Bergen cantonirte, sollte einen Theil der Stadt an andere Truppen abgeben. Herzog Adolf wollte das nicht leiden und befahl dem Oberstlieutenant, sich zu widersetzen; der aber trug gerechtes Bedenken, da die Sache nicht etwa bloß von dem Oberst Götz, welcher, wie wir wissen, in Abwesenheit des Herzogs auf Rügen commandirte, sondern direkt von oben her angeordnet war. Dagegen ist allem Anschein nach der Hofmarschall Adolfs, Hauptmann Cuno von Nassau, eifriger und lecker gewesen; denn Waldstein befahl kurz darauf dem Oberst Götz, er solle den gedachten Hofmarschall verhaften und wohl verwahrt nach Greifswald bringen lassen, weil derselbe sich "der Ordinanz des Generalwachtmeisters ganz ungehorsam und widerwärtig erzeigt" habe. Von diesem Haftbefehl wurde der Oberstlieutenant Schlez durch ein Schreiben Waldsteins, aus Güstrow 17. Februar 1629[*]), in Kenntniß gesetzt.)

---

[*]) Gedruckt in den S. H. L. Jahrbüchern für die Landeskunde VII. 407.

Bergen, 12. Februar 1629. Schlez an Herzog Adolf. Die herzogliche Ordre, dem Hauptmann Sattler*) die Compagnie abzunehmen, das Musterregister abzufordern und ihn vom Regiment und Hauptquartier zu verweisen, hat der Oberstlieutenant richtig empfangen und wird dieselbe, wie befohlen, innerhalb vier Tagen vollziehn, da der Hauptmann jetzt gerade auf Commando bei der Alten Fähre ist. Um die erledigte Compagnie bewirbt sich der Capitänlieutenant und Rogier's Lieutenant um die andere Stelle, wie aus beifolgenden Bittschriften zu entnehmen. „Bei diesem gefrornen Wasser sind meines Wissens von dem Regiment ein Zwölf Knecht ausgerissen. In Greifswald hab ich auf jede Compagnie fünf Drömt**) Gerste empfangen. Ich, die Offiziere und das Regiment haben festes Vertrauen, (E. F. Gn.) werden uns aus diesem Hungerland zu bringen, wohl sollicitiren und selbst bald wieder zu uns kommen."

Bergen, 21. Februar 1629. Schlez an Herzog Adolf. So lange wie möglich hat er sich gegen die Theilung Bergens gesperrt, er ist auch schon bemüht gewesen, die zertheilten Höfe wieder in vorigen Stand zu bringen; da kommt das beigelegte Schreiben des Generalwachtmeisters L. del Maestro, wodurch ihm die Hände gebunden sind. (Dies Schreiben ist nicht da, wohl aber ein anderer Beischluß d. d. Bergen 13. Februar, woraus hervorgeht, daß, außer dem fürstlichen Schloß für den Herzog, nur 54 Häuser auf das Holsteinische Regiment kommen, und wie sie vertheilt sind.) Den fürstlichen Befehl hat Schlez durch die Hauptleute Waradegl und Nassau dem Hauptmann Sattler andeuten lassen. Sonst nichts Neues; wie es heißt, soll das Haßfeldische Regiment nach Westphalen marschiren, das des Oberst Götz aber gar abgedankt werden.

Bergen, 2? Februar 1629. Schlez an Herzog Adolf. Oberstwachtmeister Sieghoffer ist daselbst angekommen, und Schlez

---

*) In der Musterliste der herzoglichen Leibcompagnie (Efferding, Jan. 1627) kommt Raymund Sattler von Augsburg als Fähnrich vor.

**) Drömt ist ein Getraidemaaß in den wendischen Städten; eine Last = 8 Drömt à 3 Tonnen. — Schlez schreibt „Trempt."

ist gern bereit, demselben die Oberstlieutenantstelle sofort abzutreten wie auch die Compagnie an Nassau oder wen der Herzog sonst will abzugeben und seine Reise anzustellen; nur bittet er, daß das wohlverdiente Geld, welches ihm vom Herzog zugesagt und durch den Polnischen Gesandten, Lode*) und den Marschall Nassau versprochen ist, ihm allhier ausgezahlt werde, oder zum wenigsten, es wäre ihm auch nicht zuwider, wenn Nassau das Geld möchte herleihen und ihm in Prag gut machen lassen.

Bergen, 9. März 1629. Schlez übersendet dem Herzog Adolf beifolgende Abschrift eines Briefes vom Feldmarschall Hans Georg von Arnim, betreffend den Hauptmann Sattler, und bittet um Resolution.

Prenzlau, 28. (18.) Februar 1629. Arnim an Schlez. Der General (Waldstein) will gar nicht, daß der Hauptmann Sattler ohne erhebliche Ursachen vom Regiment verstoßen werde; Schlez möge das dem Herzog Adolf notificiren, damit die Ursachen ihm (Arnim) bei Zeiten eingeschickt würden. Sollte das nicht binnen Kurzem geschehen, so würde der General vielleicht befehlen, „dem Hauptmann bis zu Ausführung der Sachen die charge so lang wiederzugeben, welches des Herrn Obristen (Adolfs) Autorität ziemlich touchiern würde."

(Man sieht auch hieraus, wie bei frühern Gelegenheiten, daß Waldstein keineswegs geneigt war, besondere Rücksichten auf den Herzog von Holstein zu nehmen.)

Wir verlieren den Herzog Adolf und sein Regiment nun auf mehr als zwei Jahr lang aus dem Gesicht, indem die Lücke nur unterbrochen wird durch zwei Original-Quittungen, welche uns auf das linke Ufer des Ober-Rheins hinüberführen.

Hagenau (im Elsaß), 4. Mai 1630. Caspar Buechenberg, Hauptmann im fürstl. Holsteinischen Regiment, quittirt über 600 Rthlr., welche der herzogliche Stabsfourier Jobst Rotfuchs nach Auftrag des Oberstlieutenants Johann Sigbofer ihm richtig eingehändigt hat.

---

*) Ist vielleicht der schon früher erwähnte herzogliche Kanzler, van der Loo, gemeint?

Worms, 31. Mai 1630. Capitän F. Brockdorff, Hauptmann im Holst. Regiment, quittirt über die Wochengelder für seine Compagnie, nämlich 650 Gulden (den Thaler zu 1½ fl. gerechnet), welche er auf Befehl S. F. G. vom Regimentssecretarius Christoph Eckhardt empfangen hat.

Auf der Rückseite letzterer Quittung steht: „Quittung per 650 fl. uf Herrn Hauptmann Brugkdorff Comp. gelieferte Wochengelder so zu Ihr Fürstl. Gn. Reiß*) nach Holstein seindt amployret worden." — Hatte diese Compagnie vielleicht dem Herzog als Geleit und Leibwache auf einer Reise nach Gottorp gedient?

Erst im Frühjahr 1631 finden wir und zwar bei dem kaiserlich-ligistischen Heer, welches unter Tillys Commando die Stadt Magdeburg belagerte, unsern Herzog Adolf und sein Regiment wieder. Zunächst hat er (und mit ihm Oberst Wangler) gegen den Brückenkopf auf dem östlichen Elbufer, die s. g. alte Zollschanze, operirt; man begann mit regelmäßigem Approchiren durch Laufgräben, dann wurde wiederholt gestürmt, aber ohne Erfolg; endlich ward der entscheidende Angriff auf den 1. Mai in der Frühe festgesetzt; jedoch in der Nacht zuvor haben die Magdeburger den Brückenkopf geräumt und aufgegeben**). Auf dieser Seite war danach nichts mehr zu thun, und so ist das Holsteinische Regiment auf das linke Elbufer hinübergezogen und hat sich in der Ebene westlich von Magdeburg gelagert***). Hier war die Stadt am besten verwahrt und ward deshalb vorläufig nicht bestürmt; es galt nur zu wachen, die Zufuhr zu hindern und gegen etwaige Ausfälle auf der Hut zu sein. Als aber endlich im Kriegsrath vom 19. Mai der allgemeine Sturm beschlossen wurde, erhielt Herzog Adolf das Hornwerk am Kröcken-Thor (Kreichenthor) angewiesen, während zu seiner Linken der Feldmarschall

---

*) Man könnte auch „Rest" lesen, was aber keinen Sinn gäbe.

**) S. Pappenheims Rapport bei Förster, Wallensteins Briefe II. 90. — Bensen, das Verhängniß Magdeburgs 428, 435 37.

***) Bensen 440; s. das Titelkupfer bei Calvisius, das zerstörte und wieder aufgerichtete Magdeburg.

Pappenheim, zu seiner Rechten Wolf von Mansfeld und von der Elbseite her Piccolomini angreifen sollten*). Am 20. Mai 1631 des Morgens um 7 Uhr hat der Sturmangriff begonnen, welcher die furchtbare Zerstörung Magdeburgs nach sich zog. Von den Sturmcolonnen war bekanntlich diejenige unter Pappenheim zuerst erfolgreich, es gelang ihm den Wall im ersten Anlauf zu ersteigen; zwar ward noch drei Stunden lang mit wechselndem Glück gefochten, aber ein neuer Sturmhaufe, welchen Tilly selbst nachführte, und ein paar kaiserliche Regimenter, die von der Elbseite eindrangen, brachten die Entscheidung. Nicht so glücklich war der Herzog Adolf; da er über offenes Land vorrücken mußte, so war keine Ueberraschung möglich; auch standen im Hornwerk beim Kröckenthor bewährte Truppen, die Leibcompagnie des Administrators von Magdeburg, und leisteten einen so tapfern Widerstand, daß das Regiment Holstein ihnen lange nichts abgewinnen konnte. Erst als die Stadt genommen war, kam eine Abtheilung Kaiserlicher den Wall entlang nach dem Kröckenthor; die Mannschaft im Hornwerk ward im Rücken angegriffen und meistentheils niedergemacht; durch das von Innen gesprengte Thor brach dann Herzog Adolf mit seinen erbitterten Truppen in die unglückliche Stadt ein**). Wir können das Magdeburgische Trauerspiel hier übergehen, und erwähnen nur noch einen Vorfall, den ein gleichzeitiger Schriftsteller meldet. Der Administrator des Erzbisthums Magdeburg, Markgraf Christian Wilhelm von Brandenburg war beim Sturm verwundet und gefangen und darauf hinaus getragen ins kaiserliche Lager, in das Zelt des Grafen Pappenheim. „Da er denn von Pappenheim, dem Herzog von Sachsen-Lauenburg und dem Herzog von Holstein sehr scharf mit Worten ist angegriffen worden, denen allen er aber mit sonderbarer Herzhaftigkeit geantwortet und sich seines guten Gewissens getröstet***)."

---

*) Fax Magdeburgica bei Calvisius 53; eine andere Relation ebendaselbst 15. Bensen 470.
**) Fax M. a. a. O. 56, 57; ebb. 16. Bensen 480, 482.
***) Fax M. 67. Bensen 493.

Wahrscheinlich ist Adolf mit seinem Regiment nunmehr den Sommer über beim Heere Tilly's geblieben; Bestimmtes wissen wir freilich nicht. Nur wird gemeldet, daß der Herzog am 6. August (27. Juli) 1631 von Tilly commandirt wurde, das schwedische befestigte Lager bei Werben im Dreieck zwischen Elbe und Havel zu stürmen; ein einbrechender dicker Nebel machte jedoch den beabsichtigten Angriff unmöglich*).

Endlich in der Schlacht bei Leipzig (oder Breitenfeld) am 17. September 1631 ward Herzog Adolf vom Geschick ereilt. Das Regiment Holstein stand von allen Infanterie-Colonnen am weitesten links, dicht neben den sechs Regimentern Reiterei, unter Pappenheim, welche den äußersten linken Flügel der Tilly'schen Schlachtordnung bildeten. Gegenüber standen die Schweden, als rechter Flügel der protestantischen Armee, und hier hat der Kampf zuerst begonnen. Wir brauchen demselben nicht bis ins Einzelne zu folgen: nur so viel! Das Holsteinische Regiment hielt sich zu der Reiterei Pappenheims und folgte, als diese den rechten Flügel der Schweden zu umgehen versuchte; es konnte aber zu Fuß den Reitern nicht schnell genug nachkommen; andererseits ging die Verbindung mit der nächsten Infanterie-Colonne und dem ganzen Tilly'schen Mitteltreffen verloren. Also war es vollständig auf sich selbst angewiesen, ein dichtgedrängter Schlachtknäuel, der sich mit Pike und Muskete der von allen Seiten heranstürmenden schwedischen Reiterei zu erwehren versuchte. Mehrere Angriffe wurden blutig und mit großem Verlust zurückgeschlagen; als nun aber auch schwedisches Fußvolk zur Unterstützung der Reiterei heranrückte, da erlag die tapfere Schaar der Uebermacht, sie ward übermannt und meistentheils niedergehauen. „Da dann ein jeglicher fast den Platz, darauf er lebendig gestanden auch in seinem Tode bekleidet hat**)."

Herzog Adolf theilte das Schicksal seiner tapfern Soldaten; gequetscht und zerschlagen fiel er zu Boden, da warf sich sein Kam-

---

*) Khevenhüller XI. 1859; vgl. Chemnitz, schwedischer Krieg in Deutschland I. 187.

**) Chemnitz I. 211; Pufendorf, de rebus Suecicis 51; Khevenhüller XI. 1872 Vgl. Harte, Leben Gustav Adolfs, deutsch mit

merpage, Adam Lauzaw (Levetzow?) auf ihn und schützte den geliebten Herrn mit seinem eigenen Leibe gegen die Streiche der herandringenden Schweden*). So ward der Fürst erkannt, sorgfältig aufgehoben und nach Eilenburg transportirt, wo er zwei Tage darauf, am 19. September 1631 gestorben ist**).

Es bleibt noch einer Ueberlieferung zu gedenken, welche sich an dies Todtenbett knüpft. Einer der schwedischen Feldherrn, Gustav Horn, soll den Sterbenden gefragt haben, wie er doch als Protestant habe dem Kaiser dienen und zur Unterdrückung seiner eigenen Glaubensgenossen mitwirken mögen? Darauf habe Herzog Adolf geantwortet: Daran habe er nicht gedacht; er habe nur im Kriege Ruhm und Ehre gewinnen wollen; jetzt aber sei ihm das herzlich leid. — Diese Anekdote verdient keinen Glauben; die besten gleichzeitigen Schriftsteller wissen nichts davon, während sie von Spätern mehr und mehr ausgeschmückt ist***).

Anmerkungen von Böhm I. 648. Gfrörer, Geschichte Gustav Adolfs 872. — In einem Verzeichniß, welches einem Brief des Kaisers Ferdinand vom 3. December 1631 beigelegt ist (bei Dudik, Waldstein 211), wird der Ueberrest des Holsteinischen Regiments auf ungefähr dreihundert Mann angegeben; es hatte sich also kaum der zehnte Theil der Normalstärke wieder zusammengefunden.

*) Adam Olearius, holsteinische Chronik 68, welcher dies erzählt, fügt hinzu: „Den Pagen hat des Herzogs Adolf Frau Mutter zu sich genommen und ist nach Dero Tode zu Gottorp Kammerjunker geworden, woselbst er auch gestorben, und habe ich an ihm einen guten Freund verloren."

**) Der Zweifel über den Todestag Adolfs, welcher noch Lackmann IV. 142 stark beschäftigt, wird durch Geijer, Geschichte Schwedens III. 193 gelöset. In dem dort mitgetheilten Schreiben des Königs Gustav Adolf an Oxenstjerna heißt es: „Der Herzog von Holstein wurde gequetscht und gefangen nach Eilenburg geführt, wo er den 9. (a. St., also 19. n. St.) dieses entschlief."

***) Chemnitz und Puffendorf sowie auch Olearius erwähnen nichts davon, sondern wohl zuerst Lansberg, bellum Germanicum Gustavi Magni 329 und der Compilator des Theatrum Europaeum. Die angebliche Unterredung ist oben vorzugsweise nach Elange 746—47 angeführt.

Der Leichnam ward von Eilenburg nach dem Schloß Lichtenburg auf dem rechten Elbufer (bei Prettin, nördlich von Torgau) abgeführt. Und dort erschien bald darauf der jüngste Bruder des Verstorbenen, Herzog Hans, später Coadjutor und Bischof von Lübek, um, im Auftrage der Mutter und des ältern Bruders, die Leiche entgegenzunehmen und nach der Heimath zu geleiten, wo dieselbe im Dom zu Schleswig, in der Gottorpischen Fürstengruft unter dem großen Chor beigesetzt worden ist*).

Der Sarg, mit schwarzem Sammt überzogen, mit einem metallenen Todtenkopfe, trägt auf einem großen Schilde folgende Inschrift**):

In hac arca sita sunt ossa Rev. Ill. et Cels. Pr. et Dom. D. Adolphi H. N. postulati Coadjutoris Episcopatus Lub. Duc. S. H. St. et D. Com. in O. et D., qui natus An. Ch. MDC, nonis Septbr. post rudimenta Christianae Religionis, literarumque ac Galliam, Italiam, aliasque regiones peragratas ac perlustratas, Castra Ferdinandi II. Imp. Rom. secutus, primo mille cataphractorum equitum Tribunus, dein designatus Magister cujus quoque officio functus, in praelio inter Caesareanos et Seren. Gustavum Adolphum, Reg. Sveciae, nec non Johannem Georgium, Ducem et Electorem Saxoniae prope Lipsiam An. C. MDCXXXI. VII idus Sept. commisso globo plumbeo, dum fortiter dimicaret, in foemore ictus, biduo post rebus humanis excessit.

Harte I. 664 will daraus gar folgern, daß Adolf „wahrscheinlich die römischen Lehrsätze angenommen hatte."

*) Lackmann IV. 139—140; Olearius 68.

**) Nach J. v. Schröder, Geschichte und Beschreibung der Stadt Schleswig 141. Jetzt ist das unterirdische Gewölbe unzugänglich. — Aus dieser Inschrift, welche mir erst nachträglich zu Gesicht kam, geht hervor, daß Adolf am 5/15 September 1600 geboren ist, und daß ein Schuß in den Oberschenkel seinen Tod herbeiführte, wonach die Angaben auf S. 5 und 47 zu berichtigen sind.

Briefe und Regesten

des

Herzogs Adolf

aus dem Herbst und Winter 1626—27.

Ein Beitrag

zur Geschichte des Bauernkrieges

in Ober-Oesterreich.

4°

Ich bin veranlaßt worden, nachstehende urkundliche Mittheilungen, sämmtlich nach den Originalen in meinem Besitz, welche ich ursprünglich für eine österreichische Zeitschrift bestimmt hatte, hier gleich beizufügen.

Man wird daraus nicht unwesentliche Nachträge zu Franz Kurz: „Versuch einer Geschichte des Bauernkriegs in Oberösterreich" (Leipzig 1805) entnehmen können. Ich mache besonders aufmerksam auf die Briefe über die Schlachten bei Gmunden und Böcklabruck, über welche letztere Kurz gar nichts Näheres anzugeben weiß. Für die Lage des Landes nach dem Kriege geben der erste Brief des Herzogs aus Efferding und der des Herrn von Starhemberg einen Maßstab.

Es schien nicht rathsam, die Schreibweise der Originalien streng beizubehalten, da abgesehen von der mangelhaften und schwankenden Orthographie jener Zeit auch noch der Dialekt und die zahlreichen Abkürzungen dem Leser Schwierigkeiten gemacht haben würden.

H.

Ried, 17. September 1626. Timan von Lintlohe (Lindlo), kurfürstlich Bayrischer Generalwachtmeister ꝛc., an Herzog Adolf in Haffnerzell. „Durchleuchtig hochgeborner, gnädiger Fürst und Herr, E. F. G. werden von Deroselben Obristen Wachtmeister Herrn von Mengersbaimb gehorsamen beschehenen Relation unter anderm auch dies gnädig vernommen haben, daß Deroselben Ihres Aufbruchs und Marschirens fernere Ordinanz zukommen solle. Wann dann, gnädiger Fürst und Herr, zu E. F. G. Aufbruch und Fortziehens der Schiffleut halber alle Fürsehung beschehen und solche nunmehro in Dero Quartier werden ankommen sein, also wird E. F. G. gnädig belieben, den 18. dieses in jetzigem Quartier aufzubrechen, über das Wasser auf Wesen Urfahr fahren und hernach Ihre Marchiada in guter Ordnung auf Neukirchen*), Beurbach, Grießkirchen und Pram nehmen, alsdann E. F. G. fernere Ordinanz und avisa gehorsamlich solle zugeschickt werden. Unsere Intention allhier ist den Weg uf Geyersberg und von dannen nacher Hag zu nehmen. Desgleichen werden E. F. G. nit weniger bei Ihren hohen und niedern Officiern sowol auch Dero Soldateska insgemein die beigelegte Ordinanz publiciren lassen, gnädig geruhen wollte, Deroselben mich dabei untertbänig befehlend. Dat. Ried den 17. 7bris Ao. 1626. E. F. G. gehorsamer Knecht T. v. L."

Beilage. „Ob gleichwol der durchleuchtigste Fürst und Herr, Herr Maximilian Pfalzgraf bei Rhein, Herzog in Ober- und Nieder-Bayern, des heil. Röm. Reichs Erztruchseß und Kurfürst ꝛc.

---

*) Hier hat Lindlo am Rand eigenhändig beigefügt „der Ersten nachtt."

sich gnädigst resolvirt, die versammelte Soldatesca in das
Land ob der Ens rücken zu lassen, Alldieweil aber solch Land
keinem Feind, sondern der Röm. Kai. Maj. eigenthümlich
und S. Kurf. Dchl. in Bayern ꝛc. dieser Zeit nutznießlich
zugehöret und derowegen sowol höchstermelter K. Maj. als
auch der Kurf. Dchl. ernstlicher Willensmeinung daß allein
die ungehorsamen, darinnen aufgestandene und rebellische Unterthanen wieder in schuldigen Gehorsam gebracht, in dem Land
aber weder mit Brennen, Rauben, Plündern, Ausdreschen,
Wegnehmung des Viehs oder unnöthiger Beschwerdung (des
Viehs) der Victualien niemand, wer auch derselbe sei, Schaden
gethan und vielweniger an einigem Ort oder Person wider
die Kaiserischen oder Bayrischen lebendigen oder mit Ihrer
Kurf. Dchl. Secret verfertigten ertheilten salveguardien mit
nichten gehandlet werde. Hierauf und zu schuldiger Vollziehung
aber höchstgedachter Kai. Maj. und Kurf. Dchl. so ernstlichen
schaffen an alle hohe und niedere Officier und Befehlshaber
zu Roß und Fuß wie auch an alle gemeine Reiter und Knecht
mein gestreng ernstlich Befehlen und Gebieten, daß da keiner
bei Leib und nach Gelegenheit des Opmachens (?) Lebensstraf
wider obgemeldten Inhalt dieser Ordinanz handle, sondern
sich allein an dem so er unumgänglicher Nothdurft nach von
Nöthen, gebührlich ersättigen lasse, auch ihm weiter nichts
zueigne bei obgesetzter Straf. Geben im Hauptquartier Ried
den 17. Septembris Ao. 1626. Timan von Lintlohe,
Generalwachtmeister."

Geiersperg, 20. September 1626. Timan von Lintloh,
A. von Haimhausen, Hannibal von Herliberg und Adam Ernst von
Hagstorf (Kurfürstl. Bayrische resp. Generalwachtmeister, Kämmerer,
Oberst, Räthe und Commissarien) an Herzog Adolf. — Sie haben
vernommen, wie Herzog Adolf mit seiner Soldatesca „am 18.
dieses aus dem Quartier Haffnerzell über die Donau und gar in
das Quartier Neukirchen glücklich gelangt, am folgenden 19. aber
beim Tag von einem Theil der rebellischen Bauern also überfallen,
darüber Sie soviel Volks, Officier, Fähnlein, Gewehr und alle

Munition verloren, ja sich selbst schwerlich salviren mögen." Der Vorfall ist um so beklagenswerther, da die Rebellen dadurch nicht allein zu ihrem bösen Vorhaben einen neuen Muth, sondern auch viel Gewehr und Munition, woran es ihnen bisher am meisten mangelte, bekommen haben. Was nun Lintlohs Truppen anbetrifft, so war, in der Hoffnung daß Herzog Adolf am 19 zu Pran eintreffen werde, alles Volk zu Roß und zu Fuß ebendahin dirigirt, „aber die rebellische Bauerschaft uns nit völlig zusammenkommen lassen, sondern stracks also präsentirt, da man mit ihnen getroffen, und durch die Gnade Gottes dieselben geschlagen und verjagt. Wohin sich die Flüchtigen nun salvirt, kann man dieser Zeit nit wissen; wir wollten aber wünschen, daß E. F. G. Ihres Volks mehr bei sich und gleiche Victorie gehabt hätten." — Das Begehren des Herzogs wegen Quartier, „Bewehrung" (Armatur) und Munition vermögen sie nicht zu erfüllen, sondern er müsse, was er der Art zur Wiederergänzung des Regiments bedürfe, beim Hochstift Paffau oder gar zu Wien beim Kaiser sollicitiren lassen. Wollte der Herzog Bescheid geben, mit wieviel ganzen Fähnlein er zu ihnen stoßen kann, so wollen sie dazu die Occasionen suchen und sich der Donau nähern.

Ried, 24. September 1626. Lintlohe, Herliberg und Hagstorf an Herzog Adolf. Sie haben erfahren, daß der Herzog das angewiesene Quartier im Markt Althaimb nicht genommen habe, sondern mit seiner Soldateska in die Grafschaft Ortenburg und Neuburg gezogen sei. Außerdem hätten an die 600 herzoglichen Soldaten in Neuburg sich einiger Salzschiffe bemächtigt, seien damit über den Inn nach Bayern übergesetzt und beschweren daselbst die Unterthanen zum allerhöchsten. Gewiß sei das ohne Vorwissen des Herzogs geschehen; er möge nun aber doch befehlen, daß die Schiffe ohne Aufenthalt „an die Orte, wo man derselben zu Ihr Kurf. Dchl. Kammergut gebraucht" zurückgeliefert werden, und daß die Soldaten sich von diesen Orten wegbegeben, „damit die Unterthanen nicht Ursach haben, gegen den Soldaten etwas Gewaltthätiges vorzunehmen."

Ried, 27. September 1626. Dieselben an Herzog Adolf. Da S. Fstl. Gnaden gestern einen Commissarius „Derselben beizuwohnen" begehrt haben, so haben sie den gegenwärtigen kurfürstl. Bayrischen Kriegscommissarius und Mauthner zu Regensburg, Ernst Friedrich Buruß, dergestalt abgeordnet, daß er dem Herzog und seiner Soldatesta "an die Hand gehen und soviel sich gebührt alle Schuldigkeit erweisen soll." Was den Proviant anbetrifft, so möge der Herzog heut noch etwas Geduld haben; sie haben aber schon gestern Anstalt getroffen, daß aus dem Gericht Vilshoven täglich sieben Stück Vieh und jeden zweiten Tag 1200 Brote jedes zu drei Pfund nach Ortenburg gebracht werden sollen, und ebensoviel aus dem Gericht Griesbach nach Neuburg.

Ried, 30. September 1626. Derselben Memorial für den anher abgeordneten Oberstlieutenant des Herzogs, Friedrich von Schlez. Herzog Adolf hat vor Kurzem durch Schreiben und eigens Abgeordneten beim Kurfürsten von Bayern "entweder Quartier oder aber freien Paß ins Reich zu reisen" verlangt, um sein durch verschiedene Märsche und das Scharmützel mit den rebellischen Bauern stark mitgenommenes Regiment zu erfrischen und zu verstärken. Auf kurfürstlichen Befehl haben sie deshalb dem Herzog zu bedeuten: der Kurfürst sei nicht berechtigt, den freien Paß ins Reich zu bewilligen, "sintemal Ihr F. G. in der Röm. Kais. Maj. Sold und Dienst und allein bei jetzigem Aufstand an die Kurf. Durchl. oder Dero hohe Officieren mit den Ordinanzen überlassen und angewiesen." Auch das begehrte Quartier wird abgeschlagen; vielmehr wäre es am besten, wenn Herzog Adolf durch die Abtei und fürder wo am gelegensten durchzukommen in das Land ob der Ens rücken und sich dort mit den kaiserlichen Obersten und dem Statthalter vereinigen wollte, und das um so mehr weil der Kaiser bekanntlich wegen der vielen Besatzungen an disponibelm Fußvolk Mangel hat.

Ried, 2. October 1626. Lintlohe und Hagstorf an Herzog Adolf. Seine beiden Schreiben vom 30. September sind in ihrer Abwesenheit (sie haben sich nämlich zu Altheim bei Reformation des Hübner'schen Regiments befunden) richtig abgeliefert. Was das erste anbetrifft, so können und dürfen sie keine Munition abgeben; doch ist am letzten Mittwoch Abend der Oberst von Herliberg pr. Post nach München abgereiset, um dies und andere

Punkte dem Kurfürsten zu referiren; er wird wohl am Sonntag oder Montag mit Resolution zurückkommen. Auch möge Herzog Adolf angeben, wieviel Musketen und Bandeliere ihm nothwendig seien, denn die kurfürstlichen Zeughäuser würden ohnedies stark in Anspruch genommen; desgleichen wohin er seine von Nürnberg zu erwartende Armatur wolle liefern lassen; am gelegensten wäre nach Ingolstadt*). Was den zweiten Brief anbetrifft, so ist es ihnen unlieb zu hören, daß die versprochene Proviantlieferung noch nicht begonnen hat, und haben sie deshalb dem Pflegsverwalter zu Vilshoven nochmals ernstlich befohlen, der sich aber mit der Unmöglichkeit entschuldigte, und dann auch die umliegenden Gerichte angewiesen, demselben beizubringen. "Sonsten mit Bier alsbalden zu helfen, ist vor sich selbsten ein Unmöglichkeit, da der Zeit gleich der Anfang erst mit dem Biersieden dieser Landen gemacht wird, aber ohne Gefahr großer Leibskrankheit vor ein Tag etlich noch nit auszugeben." Hoffentlich wird sich Alles zum Bessern ändern; inzwischen sollen auch die vom Gericht Grießbach mit den Lieferungen beginnen. — In einer Nachschrift wird angekündigt, daß sie noch heut oder morgen den Commissar Burhuß zum Herzog zurückschicken werden, um demselben ein kurfürstliches Schreiben mitzutheilen.

Ried, 3. October 1626. Dieselben an Herzog Adolf. Er wird durch den Ueberbringer Burhuß vernehmen, wie Kurfürst Maximilian es für wünschenswerth und bei den gegenwärtigen Unruhen am gedeihlichsten erachtet, wenn der Herzog mit seiner Soldateska sich mit den Kaiserlichen vereinigen und den Weg durch das Mühlviertel nehmen wollte oder aber, wenn zu Passau oder sonst die nöthigen Schiffe zu haben sein sollten, zu Wasser (auf der Donau). Dagegen wolle der Kurfürst alsdann zu Passau oder Haffnerzell den versprochenen halben Monatssold baar zahlen, auch die Armatur und Munition hergeben. — Am vergangenen Sonntag und Mon-

---

*) Es scheint also eine Art von Tausch stattgefunden zu haben, so daß Adolfs Regiment aus den bayrischen Zeughäusern vollends ausgerüstet ward, wogegen der Herzog die in Nürnberg bestellte Armatur an Bayern überließ.

tag haben die Kaiserlichen mit den Bauern Treffen gehalten, im ersten etwas Schaden genommen, im andern aber sind die Bauern stark geschlagen worden.

Ried, 18. October 1626. Oberst (Reichsmarschall) Pappenheim*) an Herzog Adolf. Der Commissar Buruß hat ihm mündlich u. a. gemeldet, daß der Herzog bereit sei, mit seinem Regiment zu Fuß und der vorhandenen Cavallerie sich mit dem kurfürstl. Bayrischen Volk zu vereinigen. Da nun der Marsch jeden Tag vor sich gehen kann und von den Kaiserlichen stündlich Nachricht zu erwarten, so wird der Herzog gebeten, sich marschfertig zu halten.

Ried, 21. October 1626. Pappenheim, Herliberg und Hagstorf an Herzog Adolf. Sie haben von seinem Hauptmann Christoph Freiherrn von und zu Cronegg seine Resolution und Gemüthsmeinung vernommen: „er habe wohl gegen Herrn von Starzhausen versprochen, sich mit seinem Regiment mit den Kurbayerschen Völkern zum Einmarsch in das Land ob der Ens zu conjungiren, aber dabei sich vorbehalten, wenn anderweitige Ordre von Kaiserlicher Majestät käme, derselben zu gehorchen. Nun habe sein Oberstlieutenant Schlez durch Herrn Questenberg erfahren und gemeldet, daß Herzog Adolf an die Ordre des Herzogs von Friedland gewiesen werden solle. Demzufolge könne der Herzog sich zu der Vereinigung und dem Einmarsch in Oberösterreich nicht verstehen, sondern müsse die gedachte Ordre abwarten, und das umsomehr da der Kaiser früher es ungnädig aufgenommen, daß Herzog Adolf sich von Nürnberg erhoben und der kurfürstlich Bayrischen Ordre sich unterworfen habe, auch ohne kaiserliche Ordre in das Land ob der Ens (am 18. Septbr.) eingerückt sei. Er müsse daher stehen bleiben und verlange bis weiter die bisherige Verpflegung." Diese Botschaft Cronegg's ist durch den inzwischen eingetroffenen Herrn von Starzhausen bestätigt, und die Briefsteller finden sich dadurch veranlaßt, dem Herzog Adolf folgendes vorzu-

---

*) Er schreibt sich gewöhnlich Ghbz Bapenhelm (Gottfried Heinrich Herr zu B.), daneben auch Papenheimb und Ghfreiherr von Pappenhelm.

stellen. Die Nachricht von Questenberg an Schlez könne nicht als zureichender Grund gelten, um nunmehr die bereits zugesagte Vereinigung des herzoglichen Regiments mit den Bayern wieder in Frage zu stellen, und das um so weniger da Herzog Adolf darauf hin bereits den halben Monatssold und achthundert Musketen bewilligt erhalten habe. Ueberdies könne durch ein solches „Particularschreiben" die frühere kaiserliche Ordre nicht aufgehoben werden; auch habe der Kaiser durch Herrn Maximilian Khurz Freiherrn von Sennftenau bei dem Kurfürsten sich ganz anders wegen des Herzogs erklärt, und die betreffende kaiserliche Ordre vom 3. October sei dem Herrn v. Cronegg im Original vorgewiesen worden. Der Herzog möge bedenken, daß der Kaiser ihn von Anfang an sowohl schriftlich wie durch den genannten Herrn Kurz an die Ordre des Kurfürsten Max gewiesen habe und daß diese Weisung niemals widerrufen, vielmehr durch die neue Ordre vom 3. d. nochmals bestätigt sei. Und was die vermeinte kaiserliche Ungnade betrifft, so werde der Kurfürst seither dem Kaiser völlig befriedigende Aufklärungen über den frühern Einmarsch in Oberösterreich gegeben haben. Nach alle dem erwarten sie von dem hohen Verstande des Herzogs Adolf, daß er an dem gegebenen Worte festhalten und sich zu der beschlossenen Vereinigung und dem beabsichtigten Einmarsch in das Land ob der Ens verstehen werde. Sie fügen schließlich hinzu, daß sie dem Herzog und seinem Regiment die bisherige Naturalverpflegung auf keinen Fall länger als höchstens noch vier Tage zukommen lassen werden.

Ried, 28. October 1626. Pappenheim an Herzog Adolf. Der Herzog wird durch Buruß erfahren haben, daß die anwesenden kaiserlichen Commissare und Obersten die Conjunction mit dem kaiserlichen Volk inständig begehren; auch wird er ohne Zweifel nach dem vorigen Schreiben marschfertig sein. Pappenheim gedenkt nun am 30. von Ried aufzubrechen und nach Haffnerzell zu marschiren; der Herzog aber möge am 30. mit den Compagnien, die zu Ortenburg liegen, zu Neuburg am Inn sein und am 31. zu Schiff gehn, um nach Haffnerzell zu fahren und zu den Bayrischen Truppen zu stoßen.

Ortenburg, 29. October 1626. Herzog Adolf an den

Reichsmarschall Pappenheim, zur Antwort auf den Brief vom 28. (Entwurf.) Das Regiment ist nicht „absolute pastent", mit vielen Kranken belästigt, auch noch niemals gemustert; doch will der Herzog, nachdem er sich gestern mit dem Herrn Commissar beredet hat, „in die tausend" Musketiere zu Pappenheims Truppen stoßen lassen.

Wels, 12. November 1626. Oberst Freiherr Hans Christoph Löbel an Herzog Adolf. „Hochgeborner Fürst, gnädiger Fürst und Herr, E. F. G. sind meine unterthänige Dienst bereit. Heut Nacht hab ich Deroselben Schreiben sammt dem Einschluß zu Recht empfangen und überantwortet worden. Ich halte, wenn E. F. G. Volk zusammen kommen wird, es werden sich die Bauern von Schaumburg auch verlieren. Unterdessen ist nichts Bessers als in guter Acht zu stehen. E. F. G. thun gar recht, daß Sie sich soviel möglich proviantiren, wenn es nur mit guter Ordnung und Sicherheit geschehen kann, daß dadurch kein Volk verloren werde. Was bei E. F. G. für Kundschaft einkommt, bitte ich dieselbe ganz unterthänig ehestens hieher zu berichten. Gestern habe ich von Wien Bericht bekommen, daß die beiden Fürsten von Sachsen, so bei dem Mansfeld gewest, zu dem Fürst von Wallenstein (sic) kommen sollen. Bitt E. F. G., Sie wollen mich berichten, was Sie für Vorrath an Proviant und ob keine Munition in Efferding gefunden worden, denen mit allem Fleiß nachzufragen sein wird. Mich E. F. G. unterthänig befehlend, verbleibe ich Deroselben unterthäniger Diener und Knecht L. — P. S. Heut bleiben wir hier, das Volk ein wenig zu refreschirn, sind noch eigentlich nit entschlossen, wo aus wir werden, und bin stündlich Kundschaft von Bauern erwartend. P. S. (am Rand) E. F. G. wollen gnädig versuchen, ob es nit gut Meinen, die von Ascha durch Schreiben zu Ihr Kais. Maj. Gehorsam vermahnen und auf Deroselben Volk zu einer Contribution bringen könnte."

Efferding, 12. November 1626. Herzog Adolf an Oberst Löbel. (Entwurf.) „Wohlgeborner ꝛc. Daß unser an den Herrn abgegangenes Schreiben sammt den Beilagen zu Recht geliefert worden, haben wir gern vernommen, und gleich in dieser Stund ist von den rebellischen Bauern, auf vorher abgegangene treuherzige

Vermahnung und ihnen zugeschickte offene Patent von den in Efferding anwesenden Rentmeistern und Pflegern, hierbeiliegende Antwort zukommen, hieraus dann zu sehen. daß sie Bauern noch nit zur Ruhe sein wollen. Dannenhero wir verursacht, den Herrn Statthalter zu Linz um Munition auf die allda im Quartier vorhandene vier Falkonet und 33 Toblhaken*), auch andere Nothwendigkeit geschrieben, maßen wir auch die Thore aller Nothdurft nach (mit Schanzen soviel möglich)**) versehen lassen. Als wir allhier einlogirt worden, ist von Victualien gar nichts zu bekommen gewesen, dahero wir verursacht auf Begehr von den Reutern und Fußknechten hinaussetzen zu lassen, auch an Brot und Vieh soviel bekommen, daß wir verhoffe auf acht Tage mögen proviantirt sein. Die reichen und vornehmsten Bürger sein von allhier hinweg, die armen Leut in Häusern verlassen, also daß große Noth dies Orts und die meisten Unterthanen kein Brot im Haus haben, dahero von unserm aufgerichteten Proviant müssen erhalten werden; insonderheit ist großer Abgang an Sa.. (Salz?) Wir wollen auch nit unterlassen, bei den von Ascha daß sie sich zum schuldigen Gehorsam begeben zu tractiren; ingleichen auch mit den Bauern, so bei der Herrschaft Schaumburg sich beisammen befinden, durch gnädige Vermahnungen nochmals schriftlich (christlich?) versuchen lassen, daß sie sich zu Haus begeben; was hierauf ferner erfolgt, ... wir dem Herrn Obristen mit nächstem, verbleiben dabei demselben in all Gutem wohlgewogen. Raptim Efferding den 12. 9bris 1626."

Gmunden, 15. November 1626. Oberst Löbel an Herzog Adolf. „Hochgeborner ꝛc. Vor zwei Tag hab ich E. F. G. Schreiben empfangen; weil ich aber Deroselben Reiter nit abfertigen wollen, bis ich Deroselben etwas eigentlichs von dannen schreiben können, also erinnere ich Sie, daß als wir gestern hierher kommen, haben wir vermeint heut früh die Bauern von dannen wegzuschlagen; die haben sich aber in der Nacht retirirt und heut früh in einem Wald auf einem hohen Berg präsentirt; als wir auf sie zogen, sind sie gewichen und haben besser im Feld bei einem Weltl (kleinen Wald) ein Posto genommen. Darauf die Kaiserlichen auf

---

*) Doppelhaken. **) Die eingeklammerten Worte sind ausgestrichen.

der rechten, die Kurbayerschen auf der linken Hand sie die Bauern angegriffen; die sind auf die Kaiserlichen ausgefallen und haben eine große Unordnung und Confusion unter ihnen verursacht, das schlecht zuging; Herr v. Pappenheim aber hat sich mit den Seinigen tapfer und ritterlich gehalten, also daß er alles wieder eingebracht. Sind der Bauern über die 2000 todt blieben und zertrennt worden. Von Herrn v. Pappenheim ist schier niemand blieben, der kaiserlichen Maj. von 2 bis in die 300 todt blieben sein, darunter 2 Liechtensteinische Hauptleut, 2 Fähnrich und 2 Lieutnants, sonst niemand Fürnehmes. Ich hab einen Studenten gefangen bekommen, aber nit der rechte, bei dem hab ich bekommen E. F. G. Regimendt das mit Silber beschlagen*); das stelle ich Deroselben, sobald ich die Gnad wieder hab E. F. G. zu sehen, zu. E. F. G. thun gar recht, daß Sie sich wacker proviantiren. Mit diesem befehle ich mich Deroselben dienstlich, uns aber gesammt der Bewahrung des Allerhöchsten. Gmuntt den 15. Novbr. E. F. G. unterthäniger Diener L. — P. S. Wir wollen die Bauern mit der Hülf Gottes noch ein wenig klopfen, alsdann hoffe ich E. F. G. aufzuwarten und ihre Nachbarn auch zu verjagen."

Efferding, 15. November 1626. Herzog Adolf an Oberst Löbel. (Entwurf.) Der herzogliche Oberstlieutenant und die Hauptleute, welche mit den übrigen 1300 Mann des Holsteinischen Regiments in den Grafschaften Ortenburg und Neuburg zurückgeblieben sind, haben abermals avisirt, daß das Kriegsvolk wegen Mangel an Proviant dort nicht zu erhalten sei, und bitten dringend um Abberufung; auch will der Kurfürst von Bayern, an dessen Ordre Herzog Adolf vom Kaiser gewiesen ist, die herzoglichen Soldaten dort nicht länger dulden. Der Herzog gedenkt darum, dieselben hierher kommen zu lassen, und bittet den Oberst auf Mittel bedacht zu sein, wie das Volk füglich in diesem Land beisammen unterzubringen sei, damit die Fähnlein complet werden.

---

*) Es dürfte der silberbeschlagene Commandostab des Herzogs Adolf gemeint sein, der wohl in der Niederlage bei Neukirchen den Bauern in die Hände gefallen sein mochte.

Puchheimb, 18. November 1626. H. v. Starzhausen an den Statthalter zu Linz, Graf Adam von Herberstorf. „Hochwohlgeborner Graf, gnädiger Herr, E. Gräfl. G. haben gnädiges Wissen, daß die Armade gestert den 17. von Gmund unz*) bei Fegllenpruch (Böcklabruck) gereiset. Als man aber vernommen, daß die Bauern sich vor der Stadt uf dem Berg bei der Kirche logirt, ist Herr Obristlieutenant Freiherr von Gera mit etlichen Musketieren uf das Schloß Puchheim geschickt worden, selbiges Ort zu besetzen, so ohne dificuldet beschehen, und haben sich Ihr G. von Pappenheim sehr verwundert, daß sie die Bauern diesen Ort nit in bessere Obacht genommen. Die Bauern haben uf ihrem posto stark bravirt und sich lustig erzeigt. Weil es aber etwas spät worden, ist alles Volk hieher geführet, die Officier in das Schloß, die Cavalleria in die Häuser, alle Infanteria aber in die Gartenmauer hinter dem Schloß logirt worden. Heut haben sich die Herrn General und Obriste resolvirt, diesseits des Wassers nach der Stadt zu marschiren, um zu sehn, ob sie sich ergeben wollten. Als man aber durch das Holz kommen, sind die Bauern an 4000 stark uf einer Höh und in ihrem guten Vortl (Vortheil) gelegen; sobald aber unser Volk theils ankommen, (haben sie) sich zertheilt und noch einen Berg gegenüber mit ungefähr 500 Mann, deren meistens zu schießen gehabt, besetzt und uns in die fianga (Flanke) zu setzen vermeint. Gegen den Abend um drei Uhr sind wieder in die 500 Bauern frisch ankommen gewest. Darauf wurde Ordinanz geben zum Angreifen, die Kaiserlichen haben abermals die Avantgarde gehabt zu links uf der Höhe, und Herr General von Pappenheim uf der Rechten im Thal. Es hat sich aber geschickt, daß Herrn Generals von Pappenheim drei Compagnien zu Fuß und Pferd sich avancirt und die Bauern von den Kaiserlichen attaquirt, darauf die Bauern mit aller Macht uf die Kaiserischen gedrängt, daß sie die vordersten bereits wieder was retiriren müssen. Unser Volk zu Roß und Fuß, zuvörderst aber Herr General von Pappenheim selbst haben also frisch in die Bauern gesetzt, daß sie sich nothbringlich wenden und die Flucht durch das Wasser nehmen

---

*) unz, mittelhochdeutsch = bis.

müssen (ist schad, daß der Fluß nit tiefer gewesen, sollten alle versoffen sein). Der Todten mögen ungefähr von 5 in 600 sein, darunter aber der Student, welcher Gmunden belagert gehabt, gewesen, dem E. Gn. Wachtmeister unter den Crabaten den Kopf abgehauen und das Predigen verboten hat. Es sind auch noch andere zwei oder drei in ehrbaren Kleidern todt geblieben, dem Ansehn nach sind sie principali unter den Bauern gewesen. Gott geb ferner sein G(nade). Morgen, beliebt's Gott, ist Herr General willens und mit den Kaiserl. Herrn bereits entschlossen, uf Haag zuzuziehn, des Fürsten von Hollnstein (sic) Volk und die pagagien sammt Munition, welcher wir hochbedürftig, zu uns zu bringen. E. Gräfl. G. mich gehorsamlich befehlend und verbleib dero gehorsamster Diener H. v. St. In Eil Puchheimb im Schloß den 18. 9bris 1626 um Mitternacht. — P. S. Hier verbleibt von E. G. Volk 150 Mann. Uf Schwanz*) hat noch nichts dürfen gelegt werden, wollen avisiren, daß wieder 5000 Bauern dorthin ziehn unter Preininger."

Zweites P. S. von Pappenheim. „Hochgeehrter Herr Vetter, Gott hat mir nunmehr in kurzer Zeit die dritte Victori wider sein Feind geben und ist gewiß ernstlich zugangen. Jetzt ziehn wir auf Wolfsegg und Haag, Munition von Ried auszunehmen und die Quartier einzunehmen. Gott geb ferneres Gel(ingen) und behüt E. Lden. Ich bin und verbleib E. Ld. gehorsamer D: G. H. Freiherr v. P.

Ohne Ort und Datum. Oberst Löbel an Herzog Adolf. „Hochgeborner ꝛc. Aus E. F. G. Schreiben hab ich gar gern vernommen, daß Sie mit ihrem Volk Schaumburg besetzt und sich viel Bauern um Salvaguardia anmelden, hoffe es soll noch mehr Gutes erfolgen. Mit diesem befehl ich mich E. F. G. unterthänig und verbleib Deroselben unterthäniger Diener und Knecht L."

Peurbach, 25. November 1626. Ordinanz von Pappenheim. „Ihr F. G. Herzogen von Holsteins ꝛc. Obrister Leitenant wolle morgen mit dem Allerfrühesten aufbrechen und seinen

---

*) Vielleicht Schwannstadt?

Zug den geraden Weg hieher, von dannen uf Ascha, allda sein Nachtquartier nehmen. Ob zwar der Weg etwas weit, haben sie doch wohl ausgeruht und ein Zeit hero wenig gearbeitet. Derowegen Er eilend marschiren wolle und sein Volk wohl beisammen zu behalten, denn die Bauern noch zum Theil beisammen sein, zusehn, daß Er ihnen nit in die Hand komme. Act. Peurbach den 25. 9bris Ao. 1626. Ich bedeck Ihn zwar mit meinem Volk; aber es liegt Ihr Kais. Maj. dringend daran, daß man im Durchzug das allerwenigst den Bauern nit öffne, vielweniger anlasse (antaste?), welches der Herr wohl in Obacht zu nehmen, dann ein solches zwischen Herr Obrist Löbel und mir besprochen worden. P."

Wels, 28. November 1626. Oberst Löbel an Herzog Adolf. Obwohl ihm vom Kaiser der Oberbefehl über alle kaiserlichen Truppen in Oberösterreich anvertraut sei, habe er doch die Vertheilung der Quartiere nicht allein, sondern in Gemeinschaft mit den kaiserlichen Commissarien, dem kurfürstlichen Statthalter (Herberstorf) und Oberst Pappenheim vorgenommen und wolle und könne auf eigene Hand nichts daran ändern. Der Herzog möge darum doch die kaiserliche Compagnie Reiter, welche nicht eher kommen solle bis die dort liegende Pappenheimische abgeführt sei, in Efferding aufnehmen. „Ihr F. G. von Liechtenstein und Herr Oberst Breiniers (Preuners) Regiment, obwohl sie weitschichtig ausgetheilt, werden vermög der kaiserl. Ordinanz leben, und ist nun im Werk, solche Anstellung zu thun, daß unter aller Soldateska ein durchgehende Gleichheit und unter den Treuen und Untreuen dieses Landes ein Unterschied gehalten werde."

Wien, 25. December 1626. Kaiserliches Rescript an Oberst Löbel, contrasignirt vom Hofkriegsrathspräsidenten Graf R. Colalto. (Zwei Abschriften.) Der Kaiser hat laut beifolgendem Decret resolvirt, vom Kriegsvolk des Herzogs Adolf sieben Compagnien[*] im Dienst zu behalten, und beauftragt den Oberst Löbel,

---

[*] Der eben S. 27 28 mitgetheilte Brief des Oberstlieutenants F. v. Schlez an Herzog Adolf, dat. Aschau den 28, spricht von einer „Reducirung in fünf Compagnien."

dieselben fördersamst zu mustern, die besten Soldaten auszulesen, folgends die Quartiere zu restringiren und sie in Betreff des Unterhalts den andern Regimentern gleich zu halten. Auch soll er darob und daran sein, daß aller Orten gute Ordnung observirt und das Land vor unnothwendigem Verderben erhalten werden möge, wie denn auch der Kaiser zu dem Ende beschlossen hat, das Kriegsvolk von dort abzuberufen, worüber nächstens genauere Anweisung erfolgen soll.

Wien, 25. December 1626. Kaiserliches Decret an Herzog Adolf. (Abschrift.) Der Kaiser hat, in Ansehung der geleisteten Dienste zc., sich resolvirt, denselben „mit sieben Fähnlein der auserlesenen und zum Dienst tauglichen Soldaten zu unterhalten;" Oberst Löbel soll die Musterung vornehmen, als derzeit Höchstcommandirender im Land ob der Ens; der Herzog wird von demselben weitere Ordre erhalten, insbesondere aber soll er sich marschfertig machen, um auf demnächst erfolgende Ordinanz sofort abmarschiren zu können.

Wien, 29. December 1626. Kaiserliche Hofpräsident und Räthe an Oberst Löbel. (Abschrift.) Die sieben Compagnien des Herzogs Adolf sollen den andern gleich gehalten werden, nicht über 2700 Gulden Löhnung haben und 300 Mann ohne das „erste Blatt" stark sein, „inmaßen aus der Beilag zu sehn gereicht*)." Außerdem ist bei der Musterung die ordentliche Verfassung der Register, Vermeldung der Personen und Angabe der Besoldung jedes Einzelnen in Obacht zu nehmen.

Efferding, 24. Januar 1627. Herzog Adolf an Pappenheim. (Entwurf.) „Wohlgeborner zc. Die zwei überschickte Fendlin**) sind Uns zu recht eingeliefert, dagegen Wir Uns nicht allein zum freundlichsten bedanken thun, sondern sein unter dessen auch erbietig, da (Wir) ein solches zu erwiedern Occasion an Handen gegeben wird, Wir dergleichen den Herrn Obristen möglichstes Fleißes zu gratificiren Uns wollen lassen angelegen sein.

---

*) Wahrscheinlich gehörte zu der „Beilage" das „Erste Blatt", von dem wir in der Note † auf S. 28—29 berichtet haben.

**) Fähnlein, ohne Zweifel Trophäen aus dem Bauernkrieg.

Und bleiben über dieses dem Herrn Obrist mit aller angenehmen Diensterweisung beigethan. So geben im Hauptquartier Efferding den 24. Jan. Ao 1626.*)"

Efferding, 24. Januar 1627. Herzog Adolf an den Herzog von Sachsen-Lauenburg. (Entwurf.) „Ew. Ld. werden sich ohne allen Zweifel noch wißlich zu erinnern wissen, welchergestalt sie Uns 3500 Reichsthaler einzuhändigen." Adolf habe dieselben nun dem Hauptmann Cuno von Nassau, „so Uns allbereits allhie ein solches Geld gutgemacht", angewiesen u. s. w.

Enß, 24. Januar 1627. Oberst Weichhard Freiherr zu Auersperg an Herzog Adolf. Oberst Löbel, welcher das Holsteinische Regiment mustern sollte, hat im kaiserlichen Dienst anderswohin abreisen müssen und ihn (Auersperg) an seiner Statt damit beauftragt. Wenn nun der Herzog hierin kein Bedenken haben sollte, so will er sich heut Abend einstellen und Montag früh die Musterung vornehmen.

Efferding, 25. Januar 1627. Muster-Register s. oben S. 28, 29.

Enß, 27. Januar 1627. Oberst Löbel an Oberst Auersperg. Er hat aus dem eben, um halb acht Uhr Morgens empfangenen Schreiben A.'s ersehn, daß Herzog Adolf seine Ordre, die Holsteinischen Völker nicht ins Mühl-Viertel zu lassen, sehr übel genommen hat. Das ist aber darum geschehen, weil denselben dort niemals Quartier angewiesen worden. In der Ordinanz ist ein Irrthum vorgekommen: Schlegl (im Mühl-Viertel) statt Elegl diesseits der Donau, warum der herzogliche Oberstwachtmeister, Cronegg, auch weiß; denn der hat schon, als er zu Linz war, Befehl erhalten, die im Mühl-Viertel logirten Hauptleute in das rechte Quartier Schlegell (sic**) zu verweisen, und er hat damals selbst gesagt, die Hauptleute seien wider Ordinanz auf eigne

---

*) Natürlich in der Eile versehen statt 1627.

**) Man sieht, daß Löbel mit der Ortbographie dieser beiden Ortschaften selbst nicht sicher ist. Das im Mühl-Viertel heißt jetzt Kloster Schlögel; das südlich der Donau ist „ein ander Ort auf dem Land", wie Auersperg in folgendem Brief schreibt, also wohl nur ein Dorf.

Hand hinübergezogen, weshalb den Preuner'schen anbefohlen wurde. im Wiederholungsfall solches zu verhindern. Auch als der herzogliche Schultes (Regimentsschultheiß) bei Löbel war und im Auftrag des Herzogs über die Störung der Quartiere durch die Preuner'schen Klage führte, hat er (Löbel) demselben geantwortet, jene (Holsteinischen) Compagnien sollten nicht mehr über die Donau hinüber in Quartier kommen, und der Herzog hat darauf brieflich sich mit der genommenen Abrede in Einem und Andern zufrieden erklärt. Herzog Adolf habe also gar keinen Grund, etwas übel zu nehmen. Da früher elf Compagnien diesseits der Donau gelegen hätten, würden jetzt wohl die sieben unterzubringen sein. Ueberdies sei Schlegl im Mühl=Viertel ein Kloster, welches von den Bauern spolirt, geplündert und abgebrannt worden.

Ebelsperg, 27. Januar 1627. Oberst Auersperg an Herzog Adolf. Er übersendet und unterstützt vorstehendes Schreiben des Oberst Löbel und fügt hinzu: Er sei dem Löbel, wie er (von Ens) nach Wels wieder zurückkehrte, hier bei Ebersperg begegnet, und derselbe habe ihm gesagt, es sei verglichen, daß Herzog Adolf keine Truppen auf das andere Donauufer legen solle, und der Herzog habe selbst erklärt, daß die zwei Fähnlein keine Ordre dort zu logiren, gehabt hätten rc.

Linz, 15. Februar 1627. Erasmus der ältere Herr von Starhemberg an Oberst Löbel. „Wohlgeborner rc., dessen dienst=geflißener schuldiger Knechte werde ich allzeit verbleiben. Ich habe vernommen, daß der Herr ehest nach Efferding ..... mit Ihrer F. G. von Holstein ..... werden. Nun ist dem Herrn Obristen wissend, wessen sich die Kais. Maj. unser allergnädigster Herr noch vom 14. Mai des vergangenen Jahrs dieser Güter, darauf Ihr F. G. den 10. November ihr Hauptquartier gehabt, allergnädigst resolvirt, inmaßen Ihr Kais. Maj. Schreiben, so an Ihr Kurf. Dchl. in Bayern deswegen abgangen, aus dem Beischluß hiebei Mehreres aufweiset. Weil ich aber in die drei Viertel=Jahr das wenigste, außer etwas weniges von Traid (Getraide) so nunmehr aufgezehrt, nichts empfangen, und ich doch außer dieser Güter keine Mittel und Wege mich zu unterhalten habe, also bitte den Herrn Obristen ich ganz dienstlichen, bei Ihr F. G. mich dahin zu recommandiren, damit nunmehr die Güter hinfüro verschont und die Unterthanen bei ihrem Ackerbau und Feldarbeit verbleiben und ich mein Unterhaltung davon haben und nit Mangel und Noth leiden dürfen. Weil auch mein liebe Gemahl vor diesem bei Ihr F. G. wegen dem durch Ihr Kurf. Dchl. Commissarien verpetschirten Barnuß (fahrende Habe), damit dieselbe in securo verbleibe, schriftlich einkommen, so bitte ich ebenmäßig meinen Herrn Obristen mir zu g. bei Ihr F. G. dessen wiederum zu gedenken und dabei vernünftig zu erwägen, was ich an der andern Fahrniß in Wein, Traid und Vieh und anderm für merklichen Nachtl (Nachtheil) gelitten habe. Da ich diese Gnad und Bemühung um den Herrn Obristen wieder verdienen kann, erkenne ich mich obligirter und verbleibe des Herrn allzeit schuldiger treuer Knecht Erasm der älter H. v. St."

Wels, 16. Februar 1627. Oberst Löbel an Herzog Adolf in Efferding. Er hat vom Kaiser einen Befehl bekommen, dem Herzog „etliche Sachen im Namen höchstgedachter Kais. Maj. anzudeuten. Da nun E. F. G. schaffen, daß ich zu Derofelben kommen soll oder Dieselbe lieber jemand Vertrauten, dasselbe zu vernehmen, hieher ordnen wollen, steht es bei E. F. G. mehrer Gelegenheit und Belieben." Der Herzog möge „durch diesen eigenen dahin geschickten Reiter" ihm sofort Bescheid zukommen lassen.